FACULTÉ DE DROIT DE DOUAI

THÈSE

POUR

LE DOCTORAT

PAR

Léon BOLLAERT

Juge suppléant au Tribunal civil de Soissons (Aisne),

né à Lille (Nord).

LILLE

IMPRIMERIE DE J. LEFORT

1879

FACULTÉ DE DROIT DE DOUAI

DES SERVITUDES PRÉDIALES
EN DROIT ROMAIN

DES SERVITUDES PAR LE FAIT DE L'HOMME
EN DROIT FRANÇAIS

THÈSE
POUR LE DOCTORAT

L'acte public sur les matières ci-dessus, sera soutenu le lundi 4 août 1879, à 3 heures du soir,

PAR

Léon BOLLAERT

Juge suppléant au Tribunal civil de Soissons (Aisne),

né à Lille (Nord).

Le Candidat devra, en outre, répondre à toutes les questions qui lui seront faites sur les autres matières de l'enseignement.

Président : M. BLONDEL, Doyen.

Suffragants : MM. D. DE FOLLEVILLE, FEDER, Professeurs. DANJON, POISNEL, MICHEL, agrégés, chargés de Cours.

LILLE
IMPRIMERIE DE J. LEFORT
1879

A MES CHERS PARENTS

A MA FAMILLE

A MES COLLÈGUES

A MES AMIS

DROIT ROMAIN

DROIT ROMAIN

Des servitudes prédiales ou réelles.

(Instit. liv. II. tit. 3; Dig. liv. VIII tout entier; Code, liv. III. tit. 33.)

PRÉLIMINAIRES

Les premiers Romains, qui étaient essentiellement adonnés aux travaux agricoles, avaient vite apprécié la nécessité et l'utilité des servitudes; ils avaient considéré qu'elles rendaient les fonds de terre plus productifs, en même temps que plus agréable et plus commode l'habitation des maisons tant à la ville qu'à la campagne.

Les jurisconsultes romains s'appliquèrent peu à peu à élucider les graves et difficiles questions que présentait cette matière, qui offre tant de points de vue pratiques; mais nous remarquerons, en entrant dans le détail du sujet, qu'ils ne sont pas parvenus à créer une théorie simple, nette, claire, et que les interprètes modernes ont dû bien souvent s'escrimer pour bâtir, avec l'ensemble des textes, une doctrine qui représente tant bien que mal l'idée que les Romains se faisaient des servitudes.

Avant de passer au développement de notre sujet, qui n'embrassera que les servitudes prédiales ou réelles, nous nous proposons d'examiner très brièvement les caractères généraux communs à toutes les servitudes, tant personnelles que prédiales.

CARACTÈRES GÉNÉRAUX DES SERVITUDES.

Donnons d'abord la définition d'une servitude.

La servitude est un droit réel, constituant une charge établie à perpétuité, et à titre exceptionnel, sur un héritage appartenant à un propriétaire, pour l'utilité ou la nécessité d'un héritage voisin appartenant à un autre propriétaire.

Il y a plusieurs caractères auxquels on pourra reconnaître un droit de servitude en général :

1° D'abord, une servitude implique, vis-à-vis du propriétaire, une restriction apportée à son droit de propriété.

Les textes disent, en effet, que son fonds *servitutem debet*, *servit* (loi 6, § 3 Dig. *Comm. præd.*).

Si, au contraire, ledit fonds n'est grevé d'aucune servitude, le même texte dira qu'il est *liber*, libre de toute charge; les lois 90 et 169, *de verborum signif.*, l'appelleront *optimus maximus*.

Deux conséquences s'ensuivent :

A. La règle : *nemo ipse sibi servitutem debet* (loi 10 Dig. liv. 7, tit. 4), qui établit bien que la servitude doit nécessairement s'établir contre le propriétaire, contre son droit de propriété, entière et absolue, pour qu'elle puisse exister réellement;

B. L'existence de la servitude doit être prouvée (loi 9, Code, liv. 3, tit. 36).

2° Une servitude suppose qu'un tiers doit profiter de la restriction imposée à la propriété sur laquelle cette servitude est établie.

La loi 15 au Digeste, liv. 8, tit. 1, le dit en effet dans les termes suivants : « *Quoties nec hominum, nec prædiorum servitutes sunt, quia nihil vicinorum interest, non valent : veluti, ne per fundum tuum eas aut ibi consistas : et ideo, si mihi concedas, jus tibi non esse fundo tuo uti frui, nihil agitur.* »

3° La servitude comprend toujours un sujet actif, auquel elle s'attache d'une façon tellement inhérente qu'elle s'éteint nécessairement avec lui ; ce sujet actif peut être soit une personne, soit un immeuble, suivant les espèces de servitudes ; il en résulte qu'elles ne sont pas cessibles, en dehors de l'objet avec lequel elles ne font qu'un en quelque sorte ; il en résulte aussi cet adage : *servitus servitutis esse non potest* (loi 1 Dig. liv. 33, tit. 2), qui signifie qu'on ne peut greffer une servitude sur une autre servitude.

Remarquons, bien entendu, que la servitude, établie sur un immeuble quelconque, aura plus de chance de durer longtemps que la servitude au profit d'une personne ; la vie humaine, en effet, n'est guère comparable à la durée de l'existence d'un immeuble en général.

4° La servitude consistera toujours dans un état de pure passivité de la part du propriétaire, mais en rien de plus : « *Servitutum non ea natura est*, dit Pomponius dans la loi 15 Dig. *de servitut.*, *ut aliquid faciat quis (veluti viridia tollat, aut amœniorem prospectum præstet, aut in hoc aut in suo pingat) ; sed ut aliquid patiatur, aut non faciat.* » Pourquoi celui qui a le droit de servitude, ne peut-il pas obliger le propriétaire à jouer un rôle actif, en un mot, à faire ? C'est que la servitude ne peut contenir plus que le droit de propriété ; or le propriétaire d'une chose ne peut imposer à personne aucune obligation active ; donc, le tiers, qui n'a qu'un démembrement du droit de propriété, ne le peut à plus forte raison ; et il suffit que le propriétaire demeure vis-à-vis de lui dans un état complet d'inaction, pour lui permettre d'exercer tous les droits que la servitude lui confère.

Nous nous proposons de diviser la matière des servitudes prédiales en cinq chapitres :

Chapitre 1er — Principes généraux des servitudes prédiales ;

Chapitre 2 — Leur classification et énumération ;

Chapitre 3 — Modes de constitution ;

Chapitre 4 — Actions qui s'y rapportent ;

Chapitre 5 — Modes d'extinction.

CHAPITRE I

Des servitudes prédiales.

PRINCIPES GÉNÉRAUX

Nous passons maintenant à la question spéciale des servitudes prédiales, que nous nous proposons de développer dans son détail.

Comment peut se définir une servitude prédiale ?

C'est, dirons-nous, une servitude qui existe sur un immeuble au profit d'un autre immeuble ; il faut, bien entendu, que ces deux immeubles n'appartiennent pas au même propriétaire.

L'immeuble qui jouira de la servitude s'appellera fonds dominant ; celui qui la supportera sera le fonds servant.

Voyons les principes généraux sur cette matière ; il y en a plusieurs :

1° Il faut que le propriétaire du fonds dominant retire une utilité quelconque de la servitude ; il faut, en un mot, que la servitude devienne une qualité du fonds ; c'est ce que dit la loi 86 au Dig., liv. 50, tit. 16 : « *Quid aliud sunt jura prædiorum, quàm prædia qualiter se habentia, ut bonitas, salubritas, amplitudo ?* »

Cette utilité de la servitude doit être réelle, effective, et augmenter la valeur du fonds dominant. Si, au contraire, elle ne sert qu'à flatter les goûts particuliers du propriétaire du fonds, ce n'est plus une servitude, cela devient un acte de pure tolérance de la part du concédant. Ainsi, cueillir un fruit chez le voisin, se promener ou faire un repas chez lui, voilà un acte de pure complaisance, mais qui ne donne au fonds de celui qui en profite aucune utilité, aucune plus-value (loi 18 pr. Dig. liv. 7, tit. 1).

Ce qui constitue aussi le caractère distinctif de la servitude prédiale, c'est qu'elle établit toujours une gêne, une moins-value pour le fonds qui doit la supporter; c'est aussi qu'il faut absolument que ce soit un fonds qui soit asservi à un autre. Ainsi, on ne considérera pas comme une servitude, l'obligation que je contracterais envers mon voisin de labourer son champ; en effet, ce n'est pas mon fonds qui s'oblige envers le sien, par cette convention; c'est moi qui me lie envers le voisin, pour lui procurer un avantage quelconque; il n'y a pas ici une servitude prédiale; il n'y a qu'une obligation personnelle.

Est-il nécessaire que le fonds dominant ait besoin de la servitude, doive nécessairement en profiter? La loi 19 au Dig. *de servitut.* nous répond que cela n'est pas indispensable; « *quædam enim debere habere possumus,* dit-elle, *quamvis ea nobis utilia non sunt.* »

Il en sera de même, au cas où le propriétaire du fonds dominant serait dans l'impossibilité de tirer parti de la servitude. Supposons, en effet, qu'ayant une servitude de vue sur le fonds voisin, il est ou devient aveugle; dira-t-on que parce que la servitude ne lui sert de rien, elle s'éteindra dès lors? Non, s'il n'en profite pas, son fonds en profite, et cela suffit.

Ajoutons que, dans certains cas, l'utilité de la servitude est limitée aux besoins du fonds dominant. Nératius, dans la loi 5, § 1 *in fine* Dig. liv. 8, tit. 3, le dit positivement : « *ut maximè calcis coquendæ, et cretæ eximendæ servitus constitui possit, non ultrà posse, quàm quatènus ad eum ipsum fundum opus sit.* » (Voir de même lois 24 et 29 Dig. *eod. tit.*)

Disons, en terminant sur ce point, que cette limitation aux droits du *dominus servitutis* est naturellement corrélative aux devoirs du propriétaire du fonds servant, qui doit loyalement souffrir tout ce qui est nécessaire à l'exercice de la servitude (Voir par exemple loi 14 Dig. liv. 8, tit. 3).

Rien n'empêche, du reste, qu'il ait, par entente avec le *dominus servitutis*, réglé d'avance les conditions d'exercice de la servitude (Voir par exemple loi 4, § 1, liv. 8, tit. 1, Dig. et loi 15, liv. 8, tit. 4).

2° La servitude prédiale durera autant que les fonds dominant et servant; or, comme ceux-ci auront une durée illimitée, on dit que la servitude est perpétuelle.

Ce principe ne pouvait guère nuire au fonds servant, qui, la plupart du temps, n'avait rien à souffrir de la part du fonds dominant.

Un droit de passage, par exemple, n'avait rien de bien gênant pour le concédant, et au contraire, donnait souvent au concessionnaire, surtout s'il était enclavé, des facilités énormes pour l'exploitation de son fonds. De sorte que, comme le dit un auteur moderne, M. Accarias (*Précis de droit romain*, t. 1, p. 579), le principe de perpétuité, attaché aux servitudes prédiales, ajoute considérablement à la somme de la richesse générale.

Il résulte de ce caractère de perpétuité que l'on ne peut établir de servitudes sous condition ou avec terme. Nous verrons plus loin comment le droit prétorien vint corriger cette rigidité du droit civil.

3° La servitude doit, en outre, avoir une *causa perpetua*.

A ce sujet, examinons de près un texte qui explique clairement ce qu'on doit entendre par ces expressions (loi 28 au Digeste, liv. 8, tit. 2). Paul suppose qu'il a été fait, au bas d'un appartement quelconque, une ouverture par laquelle on écoule au dehors les eaux ménagères. Elles vont chez le voisin; celui-ci aura-t-il le droit de les recueillir et d'en user? Non, répond Paul, si c'est la main de l'homme qui a produit le fait; oui, si c'est un fait naturel, si ce sont, par exemple, des eaux pluviales qu'on écoule. Pourquoi cette différence? Nous répondrons qu'il résulte de la nature des servitudes, qui consistent *in patiendo* ou *in non faciendo*, mais jamais *in faciendo*.

Or, dans le cas où des eaux ménagères ont été apportées du dehors pour un usage quelconque, et ensuite rejetées par l'ouverture pratiquée au bas de l'appartement, on voit bien apparaître le fait de l'homme; par conséquent, on ne peut comprendre, dans l'espèce, que la servitude puisse s'établir.

Le même texte, examinant le cas où les eaux rejetées dehors sont des eaux pluviales, ajoute : *Quod ex cœlo cadit, etsi non assiduè fit, ex naturali tamen causâ fit, et ideò perpetuo fieri existimatur.* Paul termine en disant : *Stillicidii quoque immittendi naturalis et perpetua causa esse debet.*

Il en résulte bien clairement qu'il n'est pas nécessaire que la *causa perpetua* dérive d'un état de permanence absolue, pour exister, *etsi non assiduè fit*, mais cependant que cet état de choses doit être assez stable pour assurer l'exercice de la servitude tant dans le présent que dans l'avenir, et qu'il doit être naturel, c'est-à-dire exister indépendamment du fait de l'homme.

Ces principes résultent de plusieurs textes : d'abord la loi 1, § 5, liv. 43, tit. 20, qui exige que l'*aqua quotidiana* dont on se sert, soit *perennis.*

De même la loi 1, § 4, liv. 43, tit. 22, dit positivement que les citernes ne possèdent pas la *causa perpetua :* « En effet, dit Ulpien, l'eau qu'elles contiennent n'est pas de l'eau vive, et ce sont les pluies qui les remplissent. Il en sera de même, ajoute-t-il, des lacs, piscines, et puits qui ne contiennent pas d'eau vive. »

Mais en admettant que la *causa perpetua* existe au cas où l'eau est vive, et vient, par conséquent, d'une source qu'on peut regarder comme inépuisable (loi 9 Dig. liv. 8, tit. 3), comment supposer que cette *causa perpetua* existe pour certaines autres servitudes, comme celles qui consistent à prendre dans un champ du sable, ou de la craie pour la cuire, ou de la pierre pour bâtir, ou d'y établir un four à chaux ? Il est bien certain, en effet, que, malgré toute la parcimonie qu'on y mettra, le champ finira par s'épuiser.

Les textes (lois 5, § 1, et 6, § 1 Dig. liv. 8, tit. 3) disent cependant que ce sont bien des servitudes, et ils n'examinent nullement la question de la *causa perpetua.*

Nous devons donc en conclure qu'on arriva peu à peu à admettre qu'il suffisait, pour que la servitude fût valable, qu'elle durât pendant un temps assez long, sans exiger qu'elle fût indéfinie de sa nature.

4° Il faut que l'exercice de la servitude soit possible, matériellement parlant.

Ainsi, dit Paul, dans les lois 38 et 39 au Dig. liv. 8, tit. 2, si ma maison est tellement éloignée de la vôtre que je ne puisse la voir, ou qu'une montagne se trouve entre les deux maisons, ou même si elles ne sont pas voisines, il ne pourra exister de servitude de l'une sur l'autre.

Il faut bien, entre les fonds dominant et servant, un certain voisinage (loi 5, § 1 Dig. liv. 8, tit. 3); mais la contiguité n'est pas indispensable : « *Parvi refert*, dit en effet Ulpien, (loi 6 princip. Dig. liv. 8, tit. 4) *vicinæ sint ambæ ædes, an non.* »

Paul est du même avis : « La servitude *ne altiùs tollatur*, dit-il, pourra être due par une maison même éloignée; et si un édifice se trouve entre le mien et celui de Titius, je puis très bien imposer à sa maison une servitude *altiùs non tollendi.* » Pourquoi est-ce possible ? C'est que, tant que le propriétaire de l'édifice intermédiaire n'exhaussera pas sa maison, la servitude me sera utile, me procurera un avantage (loi 4, §§ 5 et 8, Dig. liv. 8, tit. 5).

De même, si entre deux maisons se trouve un terrain ou un chemin public, rien ne s'oppose à ce qu'on puisse établir un passage de l'une à l'autre, ou que l'une d'elles domine l'autre (loi 1 princ. Dig. liv. 8, tit. 2).

5° Une servitude prédiale a toujours le caractère d'indivisibilité.

En quoi consiste ce caractère?

En ce qu'on ne conçoit pas qu'une servitude prédiale puisse exister au profit ou à la charge d'une part indivise, ou se décomposer en parts indivises.

Ce principe découle de la nature même des choses : car comment comprendre, par exemple, que j'aie un droit de passage sur une portion indivise d'un fonds ? Dans ce cas, en effet, où pourrai-je passer ? où me sera-t-il interdit de passer pour que je reste dans les limites de mon droit ? Nul ne saurait le dire.

Examinons les divers cas qui peuvent se rapporter à ce principe :

L'un des propriétaires d'une maison indivise et commune peut-il, à lui tout seul, établir au profit d'un autre fonds une servitude sur cette maison ? Non, dit formellement Ulpien (loi 2 Dig. liv. 8, tit. 1); le concours des copropriétaires de ladite maison est indispensable. Pourquoi ? c'est qu'ainsi ils imposent la servitude au profit du fonds sur la maison tout entière; au contraire, il est complétement irréalisable dans la pratique que l'un d'eux établisse une servitude sur sa part indivise dans la maison. (Voir de même les lois 19 et 31 Dig. liv. 8, tit. 3.)

De même, on dit communément qu'on ne peut acquérir de servitude au profit d'un fonds dont on n'est propriétaire qu'en partie. Ainsi, si le propriétaire d'un fonds, après s'être fait promettre une servitude de passage, vient à aliéner une partie de sa propriété, la servitude est éteinte, par la raison qu'elle se trouve dans un état où elle n'aurait pu être demandée ni promise. Cette servitude de passage ne peut pareillement être léguée, ou enlevée en partie (loi 11 Dig. liv. 8, tit. 1.)

Dans le même titre du Digeste (loi 6, § 1, liv. 8, tit. 1), Paul suppose que j'ai une servitude sur un fonds et que j'acquiers la propriété d'une partie de ce fonds, ou que c'est le propriétaire du fonds servant qui acquiert une partie du mien; il décide, dans ce cas, que la servitude se conserve pour partie; quoique, ajoute-t-il, dans l'origine elle n'eût pu être établie par partie indivise.

Comment comprendre cette décision ? C'est qu'ici le droit de servitude est bien délimité, et comprend une part divise; et les choses se passent comme si, dès le principe, la servitude n'eût affecté que ladite part, abstraction faite du restant du fonds. Si donc j'acquiers une partie du fonds servant, ou si je cède une partie du fonds dominant, la servitude subsistera tout entière dans les deux cas, au profit de mon fonds, ou de ce qu'il en restera sur le fonds servant ou sur la partie qui ne m'appartient pas ; le droit sera plus restreint dans le second cas, voilà tout. (Voir de même la loi 30, § 1 Dig. liv. 8, tit. 2.)

Enfin Pomponius nous dit formellement (loi 17 Dig. liv. 8, tit. 1) qu'une portion des servitudes de chemin, de sentier, de passage, d'aqueduc, ne peut jamais faire l'objet d'une obligation, parce que l'usage de ces servitudes est indivisible. Si un individu laisse plusieurs héritiers, chacun d'eux aura le droit d'exercer en entier la servitude de son auteur; de même, les héritiers du propriétaire du fonds servant seront tenus solidairement d'en souffrir l'exercice. (Voir dans le même sens les lois 4 § 3 Dig. liv. 8, tit. 5.)

CHAPITRE II

SECTION I

Classification et énumération des servitudes prédiales.

Les textes distinguent deux grandes classes de servitudes prédiales :

A. Les servitudes prédiales rurales, qu'ils appellent : *jura prædioram rusticorum;*

B. Les servitudes prédiales urbaines, ou *jura prædiorum urbanorum.*

Il serait difficile d'énumérer les servitudes prédiales tant rurales qu'urbaines; leur nombre, en effet, est illimité; on peut en établir de toutes espèces, pourvu qu'on observe les règles générales en matière de servitude.

Mais il est possible de donner l'énumération des principales, et nous commençons immédiatement celle des servitudes prédiales rurales d'après les Institutes et le Digeste.

1° L'*iter*, qui contient les droits suivants : « *Jus eundi, ambulandi hominis* (Inst. pr. et § 2, tit. *De servitut.*), *quâ quis pedes vel eques commeare potest* (loi 12 Dig. liv. 8, tit. 3). »

2° L'*actus*, ou *jus agendi*, comprend tous les droits de l'*iter*, et en plus le *jus armenta trajicendi et vehiculum ducendi.* (*Eadem lex* Dig. *eod. tit.*)

3° La *via*, comprenant, outre les droits de l'*iter* et de l'*actus* (Instit. pr. liv. 2 *de servit.*), le *jus « trahendi lapides et rectam hostam referendi, si modò fructus non lædant.* » (Loi 7 pr. Dig. *eod. tit.*)

Remarquons ici que la *via* aura, en vertu de la loi des XII Tables, une largeur de huit pieds si elle est droite, et de seize dans les tournants (loi 8 Dig. *eod. tit.*), sauf stipulation contraire; au contraire, l'*iter* et l'*actus* seront fixés par arbitre, s'il n'en a pas été question entre les parties (loi 13, § 2, *eod. tit.*).

Nous avons dit plus haut que l'*actus* comprenait les droits de l'*iter;* il y a cependant des textes contradictoires qui pourraient faire penser que notre assertion n'est guère fondée. Paul, en effet (loi 1 Dig. liv. 31, tit. 4), suppose que l'*actus* m'a été légué par un testateur qui réserve à un autre l'*iter*; « cette réserve est inutile, dit Paul, car l'*actus* ne peut exister que s'il comprend les prérogatives de l'*iter.* » Mais Ulpien (loi 4, § 1, liv. 8, tit. 5 Dig.) admet qu'on a une action pour demander la servitude, si elle consiste dans l'*actus sine itinere.*

Comment concilier ces deux textes ?

Au premier abord, ils paraissent inconciliables; il nous semble cependant que l'antinomie disparaîtra en admettant avec M. Demangeat (*Cours élémentaire de droit romain*, t. 1, page 501), que Paul entend par *iter* le passage de l'homme qui dirige *jumentum vel vehiculum;* en effet, sans cet *iter*, l'*actus* ne peut s'établir en pratique.

4° L'*aquæductus*, ou *jus aquæ ducendæ per fundum alienum.* — Cette servitude admet l'établissement de tuyaux, mais non de conduits en pierre, sauf toutefois convention contraire (loi 17, § 1, Dig. liv. 39, tit. 3).

5° L'*aquæ haustus*, ou droit de puiser de l'eau sur le fonds d'autrui. — Cette servitude n'exige pas que les fonds dominant et servant soient voisins ; s'ils sont séparés par un chemin public, on pourra très bien obtenir l'autorisation de le traverser pour apporter l'eau d'un fonds dans l'autre. Il en sera de même, *à fortiori*, sur un fonds privé (loi 3, § 3 Dig. liv. 8, tit. 3). Cela ne serait impossible que si l'endroit à traverser était un lieu sacré ou religieux (loi 14, § 2 Dig. liv. 8, tit. 1).

6° L'*appulsus pecoris mei ad aquam*, ou droit d'abreuvoir ;

7° Le *jus pascendi pecus meum*, ou droit de pacage ; ces deux servitudes supposent nécessairement l'*actus*, s'il est nécessaire à l'exercice de la servitude.

8° Le *jus calcis coquendæ*, de cuire de la chaux sur tel fonds ;

9° De même le *jus arenæ fodiendæ*, de fouiller le sol pour en tirer des pierres ou du sable.

Voilà pour les servitudes prédiales rurales les plus usitées.

Si maintenant nous passons aux servitudes prédiales urbaines, nous trouvons, comme étant le plus en pratique :

1° Le *jus oneris ferendi* (Instit., § 1, tit. *de servitut.*) qui consiste à faire supporter, par le bâtiment du voisin, le poids des constructions que je jugerai à propos de faire. Il y a une particularité attachée à cette servitude : c'est que l'entretien du bâtiment du voisin, qui a la lourde charge de supporter le mien, est à la charge dudit voisin (loi 33 Dig. liv. 8, tit. 2) : dérogation à la nature des servitudes, qui consistent toujours en une abstention de la part du *dominus* du fonds servant ; ici, en effet, il faudra, de sa part, un acte formel et obligatoire. D'où provient cette exception ?

Les jurisconsultes romains l'avaient d'abord repoussée comme contraire aux principes généraux des servitudes ; Gallus, en effet, nous dit très positivement que « *in omnibus servitutibus refectio ad eum pertinet qui sibi servitutem adserit, non ad eum cujus res servit.* » (Loi 6, § 2, liv. 8, tit. 5 Dig.). Mais son avis ne prévalut pas, et Servius, puis Labéon firent admettre la doctrine contraire, en disant : « *hanc servitutem non hominem debere, sed rem* » ; mais comme moyen de tourner cette règle sévère, ils ajoutaient : *licere domino rem delinquere*. Ainsi, si les réparations du bâtiment de soutien lui semblaient trop onéreuses, le propriétaire du fonds servant pouvait en faire l'abandon au *dominus servitutis*.

Le motif qui semble le plus vraisemblable pour expliquer cette exception peut être tiré de la formule qui constituait cette espèce de servitude : *Paries oneri ferendo, uti nunc est, ita sit* (loi 33 Dig. liv. 8, tit. 2), ce qui veut dire que le soutien devait être toujours tenu en bon état, afin que la servitude pût s'exercer continuellement et indéfiniment. Suivant un éminent romaniste (M. Maynz, *Eléments de droit romain*, t. 1, § 219), cette obligation est en quelque sorte *in rem scripta*, et analogue à celles qui donnent lieu à la *novi operis nunciatio*, à la *cautio damni infecti*, etc.

2° Le *jus tigni immittendi*, ressemblant à la servitude précédente, mais moins onéreux cependant, en ce sens que ce qu'on appuie contre le mur du voisin est bien plus léger ; au lieu d'un bâtiment tout entier, ce ne sont que des poutres (*tigna*) ou autres matériaux de construction (Instit., *eod. tit.*). Mais ici, celui qui doit la servitude ne sera plus tenu de réparer le bâtiment de soutien (loi 8, § 2 Dig. liv. 8, tit. 5).

3° Le *jus stillicidii vel fluminis avertendi vel recipiendi*, ou droit de faire recevoir par le fonds du voisin l'eau qui tombe de votre toit, soit goutte à goutte (*stillicidium*), soit en masse (*flumen*).

4° Le *jus stillicidii vel fluminis non recipiendi* (Varron, *De ling. lat.*, IV, 5). — Comment comprendre que ce droit tout à fait négatif constitue une servitude ? Il semble, en effet, que ne pas être forcé de recevoir sur son fonds les eaux tombant du toit de son voisin, c'est dans la nature des choses; et alors on ne voit pas du tout, au premier abord, quelle charge est imposée.

Plusieurs explications ont été données pour justifier l'utilité de cette servitude.

On a dit d'abord qu'il y existait des statuts locaux obligeant tout propriétaire à recevoir les eaux pluviales de son voisin; et qu'en s'affranchissant de cette charge par une convention avec ledit voisin, on acquérait une servitude sur son fonds, celle citée plus haut. Mais on n'a aucune trace de ces statuts, et il faut chercher une autre solution à la question.

Pothier, dans ses Pandectes (Pothier, Pand. Justin. tit. *de servit præd. urb.*, n° 11), a prétendu que ladite servitude consistait dans le droit, que j'acquérais, d'obliger mon voisin à déverser ses eaux pluviales, non sur son fonds, mais sur le mien, et pour son utilité particulière. Mais alors il serait tenu *ad faciendum* dans l'espèce ? Or, nul texte ne l'y contraint; il faut donc rejeter cette explication tout à fait arbitraire.

Enfin, Théophile, dans sa Paraphrase (Théophile, *ad* 1, Inst., *eod. tit.*) suppose que la servitude *fluminis vel stillicidii recipiendi* étant constituée sur mon fonds, je conviens avec mon voisin, le *dominus servitutis*, que cette servitude sera supprimée. Mais, dirons-nous, où voit-on une nouvelle servitude dans cette convention? n'est-ce pas l'ancienne qui est éteinte?

On voit que nous n'avançons pas d'une ligne dans la solution de la difficulté.

Pour en sortir cependant, les romanistes sont convenus de supposer que la précédente servitude n'a pas été complètement éteinte, mais que je l'ai paralysée en partie; en un mot, que j'ai amélioré mon fonds aux dépens de celui du voisin, et c'est dans cette diminution de ses droits à mon égard qu'on veut trouver une sorte de servitude à mon profit. Mon fonds, par exemple, au lieu de recevoir toute l'eau pluviale du voisin, sur toute la longueur de son bâtiment, n'en subira plus sur cette longueur qu'une portion, ou la totalité sur un point donné.

5° Le *jus altiùs non tollendi*, consistant à limiter la hauteur d'une maison à son élévation actuelle. (Instit. 1, *eod. tit.*). — Le motif en est donné par les Instituts: *ne luminibus vicini officiatur*, afin de ne pas nuire à la vue du voisin.

6° La servitude *altiùs tollendi* est aussi difficile à expliquer, dans son genre, que la servitude *stillicidii non recipiendi*. Cependant il faut se résoudre à lui donner une solution équivalente. Certains interprètes (M. Maynz, *Eléments de droit romain*, t. 1, § 219 *in fine*) soutiennent que cette servitude consiste à élever une maison au-dessus de la hauteur prescrite par les règlements, et nous savons que ces règlements existaient (loi 1, Code, liv. 8, tit. 10). Nous savons aussi qu'on pouvait y déroger, par une convention particulière, et bâtir aussi haut qu'on le voulait (loi 12, §§ 1 et 4; Code, *eod. tit.*).

Ce serait donc cette convention qui constituerait, pour celui dont le fonds en profiterait, une servitude *altiùs tollendi*.

Je préfère cependant une autre explication (M. Demangeat, *Cours élém. de droit romain*, t. 1, page 506) adéquate à celle de la servitude *stillicidii non recipiendi*, et qui ferait considérer la servitude *altius tollendi* comme un droit acquis par un propriétaire d'élever, dans une certaine mesure, son bâtiment grevé de la servitude *non tollendi*. (Loi 26 pr. Dig. liv. 44, tit. 2).

7° Le *jus prospiciendi*, ou *ne prospectus offendatur*, est le droit de jouir d'une vue étendue sur le fonds du voisin; si, par exemple, il contient des parterres de fleurs, ou d'autres points de vue agréables à l'œil, il en jouira constamment, et le voisin ne pourra supprimer arbitrairement ce genre d'agrément (loi 15 Dig. liv. 8, tit. 2).

8° La servitude *ne luminibus officiatur* me permet d'empêcher le voisin de diminuer mon jour, tel qu'il existe, de l'obscurcir par des constructions (*eadem lex*, Dig. *eod. tit.*).

9° La servitude *luminum*, qui ne doit pas être confondue avec les deux précédentes, et que ne mentionnent pas les Institutes, consiste, d'après les textes du Digeste et du Code (lois 4 et 40, Dig. liv. 8, tit. 2; loi 12, § 3; Code, liv. 8, tit. 10), dans une convention intervenue entre deux voisins, que l'un d'eux pourra ouvrir des jours ou fenêtres dans le mur de son voisin, dans un mur commun, ou même dans son propre mur, s'il est distant d'au moins dix pieds du fonds voisin.

10° Le *jus projiciendi*, ou *protegendi*, droit de faire avancer son bâtiment, au moyen d'un balcon ou de tout autre saillie, sur le fonds voisin (loi 2, Dig. liv. 8, tit. 2; loi 242, § 1, Dig. liv. 50, tit. 16).

SECTION II

A quoi les Romains reconnaissaient-ils qu'une servitude était urbaine, ou qu'elle était rurale? — Intérêt pratique de la question.

La solution de cette question est assez difficile à trouver, à cause de l'imperfection, reconnue par tous les interprètes romanistes, de la doctrine du droit romain. Il n'y a pas, en effet, dans ce droit, de formule bien claire qui supprime d'un trait tous les doutes, et qui établisse l'unanimité d'opinion si nécessaire dans une pareille matière.

Il en résulte que plusieurs systèmes, ayant presque tous d'excellentes raisons pour se défendre, sont nécessairement en présence; mais chacun d'eux présente des points faibles à la discussion, et l'on doit forcément opter pour l'un d'eux, celui qui paraîtra le plus conforme à la nature des choses et à l'ensemble de la doctrine des jurisconsultes romains.

Voyons donc les différents systèmes les uns après les autres, afin de les comparer et de tâcher d'en déduire une formule aussi juridique que possible.

1er *Système*, tiré des Institutes et d'Ulpien.

Ce système est le suivant : les servitudes prédiales urbaines ne peuvent s'attacher qu'à des constructions, *ædificiis inhærent*, peu importe que les constructions soient établies à la ville ou à la campagne. Voici, du reste, le texte : « *Prædiorum urbanorum servitutes sunt quæ ædificiis inhærent : ideò urbanorum prædiorum dictæ*, *quoniam ædificia omnia urbana prædia appellamus, etsi in villâ ædificata sint.* » (Instit., liv. 2, tit. 3, § 1; Ulpien, loi 1 pr. Dig. liv. 8, tit. 4.)

Il en résulte, *a contrario*, que les servitudes prédiales rurales ne s'appliquent qu'aux propriétés non bâties; peu importe où elles sont situées.

Remarquons que le mot *inhærere* signifie bien que c'est à la nature du fonds dominant, (et en cela nous ne faisons que suivre l'opinion de presque tous nos anciens interprètes) qu'il faut faire attention pour déterminer le caractère de la servitude; peu importe donc la nature du fonds servant.

Tirons de plus, des principes posés plus haut, cette conséquence, qu'une servitude quelconque, la première venue, peut être ou rurale, ou urbaine, suivant qu'elle sera inhérente à une construction, ou au contraire à un terrain non bâti.

On peut d'abord s'étonner de ce résultat qui peut paraître bizarre quant à certaines servitudes, lesquelles semblent être, de leur nature, soit toujours urbaines, soit toujours rurales.

Prenons, par exemple, la servitude de passage, qui sera, suivant les cas, un *iter*, un *actus*, une *via*; il semble bien, au premier abord, qu'elle ne puisse s'appliquer qu'au sol libre de toute construction; mais si on lit dans le titre consacré à l'interdit *de itinere actuque privato*, le texte suivant du Digeste : *Hoc interdictum pertinet ad tuendas rusticas tantummodò servitutes* (loi 1, § 1, Dig. liv. 43, tit. 19. — Voir de même un texte des plus probants, la loi 20, § 1, Dig. liv. 8, tit. 2; ce titre est consacré aux servitudes urbaines,) on en déduit la conséquence qu'il peut y avoir une servitude de passage urbaine; ou bien alors, le *tantummodò* du texte précédent n'a plus de sens, et Ulpien a parlé bien inutilement.

De même, la servitude d'aqueduc aura les deux caractères de servitude urbaine et de servitude rurale. La preuve, nous la trouvons en termes formels dans le Digeste (loi 11, § 1, Dig. liv. 6, tit. 2. — Voir aussi loi 1, § 11, Dig. liv. 43, tit. 20.)

De même, enfin, pour la servitude *altius tollendi*, Nératius déclare qu'elle peut être rurale (loi 2 pr. Dig. liv. 8, tit. 3). Il ajoute la même chose pour le *jus prospiciendi* et le *jus cloaci*.

Certains auteurs objectent qu'avec une telle théorie, il est absolument permis à un propriétaire, suivant qu'il veut construire, ou au contraire qu'il démolit, de changer à son gré une servitude rurale en servitude urbaine, ou réciproquement.

Nous répondrons, avec un savant romaniste moderne (M. Accarias, *Précis de droit romain*, t. 1, p. 590), qu'il n'est pas aussi facile qu'ils le disent de modifier la nature d'une servitude, attendu qu'il faut, pour cela, l'assentiment de celui qui a accordé et qui souffre de la servitude.

2ᵉ *Système.*

Ce système est basée sur la règle suivante, si bien résumée par M. Demangeat (*Cours élém. de droit romain*, t. 1, p. 499) : « Toute servitude à laquelle vous ne pourez songer sans que l'idée de construction se présente à votre esprit, est une servitude urbaine ; au contraire, est rurale la servitude que vous pourez concevoir sans qu'elle appelle nécessairement dans votre esprit l'idée de construction. »

Le fondement de cette règle se trouve dans un texte de Paul (loi 3 Dig. liv. 8, t. 1) ainsi conçu : *Servitutes prædiorum aliæ in solo, aliæ in superficie consistunt.*

On est porté à induire nécessairement de ce texte que

les servitudes rurales sont celles *quæ in solo consistunt*; les servitudes urbaines *quæ in superficie consistunt*.

Et alors, on s'empare de cette similitude, qui n'est pas du tout prouvée, pour torturer le texte de Paul et le poser comme la base de la règle précédemment décrite!

On en arrive à la conséquence bizarre, qui est la suivante : « On peut, dit-on, concevoir une servitude urbaine sans qu'il y ait aucune construction sur l'un des deux fonds servant ou dominant; par exemple, dans la servitude au profit de mon champ, que vous ne bâtirez pas sur le vôtre, il n'y a d'édifice nulle part; mais l'idée négative de bâtiment, de superficie, forme l'élément constitutif, la consistance de la servitude. » (M. Ortolan, *Explic. hist. des Inst.*, t. 2, n° 419.)

A cette théorie, M. Machelard, *Examen critique des distinctions en matière de servitudes prédiales*, p. 12 (et nous adoptons absolument sa manière de voir), fait plusieurs objections. Il remarque d'abord que ladite théorie est en contradiction complète et manifeste avec les textes des Institutes et d'Ulpien. En effet, elle arrive, malgré les termes bien précis de ces textes, à supposer des servitudes prédiales urbaines sans qu'il y ait réellement de construction faite, et tout simplement parce que l'idée de construction vient à l'esprit! Comment a-t-on pu trouver tout cela dans Paul?

Ensuite, la même théorie ne nous dit pas du tout si c'est la nature du fonds dominant, ou celle du fonds servant qui établit le caractère de la servitude; qu'imaginer à ce sujet?

En reprenant l'exemple cité plus haut, d'une servitude *non ædificandi*, imposée à votre fonds au profit du mien, nous pourrons uniquement admettre que c'est bien le fonds servant qui donnera à la servitude son caractère, et qu'il y aura ici une servitude prédiale urbaine, puisqu'elle suppose négativement, il est vrai (mais les partisans de ce système supposent aussi l'idée négative), l'idée de construction dans une prohibition absolue de bâtir, qui est imposée audit fonds.

On arrive ainsi à dire tout le contraire de la doctrine romaine, qui, nous l'avons prouvé tout à l'heure dans le premier système, établit le caractère d'une servitude quelconque seulement d'après la nature du fonds dominant.

D'après nous donc, le texte de Paul ne signifie pas du tout ce qu'on veut lui faire dire : il n'est, à notre avis, que la reproduction en d'autres termes, et d'une façon très brève, des textes d'Ulpien et des Institutes; le *solum*, c'est tout ce qui n'est pas bâti, la terre en un mot; la *superficies*, c'est en décomposant le mot, *id quod super* (*solum*) *factum est*, c'est toute construction établie sur un terrain quel qu'il soit, et nous ne voyons pas pourquoi les interprètes se sont donné tant de mal en face d'une explication qui saute si naturellement aux yeux.

3e *Système.*

Il s'établit de la manière suivante : Toutes les servitudes qui consisteraient *in faciendo*, qui obligeraient l'homme à déployer son activité, seraient des servitudes prédiales rurales; toutes les servitudes, au contraire, qui s'exerceraient sans le fait de l'homme, qui consisteraient, en un mot, *in habendo* ou *in prohibendo*, seraient urbaines.

Qu'y a-t-il de vrai dans ce système? est-il vraiment fondé sur la doctrine romaine?

S'il contient une part très considérable de vérité, dans la plupart des cas, remarquons cependant qu'il n'est pas indiscutable. Voici, par exemple, un texte de Pomponius (loi 15, pr. Dig. liv. 8, tit. 1) qui semble lui porter un coup dont il lui est difficile de se relever. Le jurisconsulte suppose qu'une servitude est établie, et qu'elle ne me procure à moi, qui la stipule, aucun avantage; il dit que, dans ce cas, elle n'a aucune valeur juridique. Mais il ajoute, comme demi-rétractation : « *Aliter atque si concedas mihi, jus tibi non esse in fundo tuo aquam quærere, minuendæ aquæ meæ gratiâ;* » voilà une servitude vraiment négative, qui m'est très utile, puisqu'elle augmente considérablement pour mon fonds le volume d'eau qui sera nécessaire à son exploitation. D'après le troisième système, quelle sera la nature de la servitude? Elle sera urbaine, puisque le fait de l'homme n'est pas nécessaire.

Et cependant ne serait-elle pas rurale, dans le second système, puisqu'elle ne donne aucunement l'idée d'une construction?

Des deux systèmes, lequel croire? Ni l'un ni l'autre.

Ajoutons tout de suite que le troisième système n'est basé sur aucun texte, à la différence du second; ce n'est donc que le résultat d'une interprétation tout à fait arbitraire, et nous ne pouvons nous y arrêter bien sérieusement.

En résumant donc notre argumentation, nous dirons avec les Institutes et Ulpien :

1° Qu'il faut la réalité d'une construction pour qu'une servitude soit urbaine (d'où on déduit la définition de la servitude rurale, *a contrario*);

2° Que peu importe la situation de la construction, soit à la ville, soit à la campagne, pour faire la distinction précédente;

3° Que c'est toujours la nature du fonds dominant qui établit le caractère distinctif de la servitude;

4° Qu'enfin une servitude déterminée, la servitude d'aqueduc, par exemple, n'est pas invariablement rurale, ou invariablement urbaine, mais qu'elle peut se plier à l'un de ces deux caractères, suivant qu'elle adhère à une construction ou simplement au sol.

Voyons maintenant, en quelques mots, l'utilité de la distinction des servitudes en servitudes prédiales rurales et servitudes prédiales urbaines.

Il y a plusieurs motifs de distinguer :

1° Le premier et le plus important consiste en ce que les servitudes rurales sont énumérées par Gaïus (Comm. 2, § 17) parmi les *res mancipi*, comme étant d'une très grande valeur; au contraire, on rangeait les servitudes urbaines parmi les *res nec mancipi*, à cause de leur moindre importance.

Il en résultait que la mancipation pouvait être un mode de constitution pour les servitudes rurales seulement.

2° L'extinction d'une servitude rurale aura lieu par le non-usage durant un certain temps; tandis qu'il faudra, pour l'extinction d'une servitude urbaine, un acte contraire à la servitude, de la part du propriétaire du fonds servant, et aussi pendant un laps de temps déterminé. (Loi 6, Dig. liv. 8, tit. 2.)

3° On peut constituer un *pignus*, une *hypotheca* sur une servitude rurale, mais non sur une servitude urbaine. Pourquoi cette différence? C'est que la plupart du temps une servitude rurale, attachée à un fonds augmentera son importance, et que par conséquent, considérée *in abstracto*, elle a une valeur réelle; par contre, quelle valeur pourra-t-on souvent attribuer à une servitude urbaine, par exemple, à une servitude *altius tollendi*? En supposant qu'on la mette en vente séparément, il est bien probable qu'elle aura peu ou point d'acheteurs. (Lois 11, § 3, et 12, Dig. liv. 20, tit. 1.)

CHAPITRE III

Modes de constitution des servitudes.

Avant d'examiner en détail, l'un après l'autre, chacun de ces modes, posons comme mode général de constituer une servitude, le principe suivant :

Ou il faudra une *translatio*, mode direct de constitution; ou une *deductio*, mode indirect de constitution.

La *translatio* consiste dans le fait de grever mon fonds d'une servitude au profit du fonds voisin; je lui transfère un droit, qui restreint le mien.

La *deductio*, au contraire, se produit lorsque, aliénant un de mes fonds, je garde, je déduis, au profit d'un autre fonds m'appartenant, une servitude sur celui que j'aliène. Je restreins ainsi, dans mon intérêt, le droit de propriété du nouvel acquéreur, et je conserve ainsi une faible portion de mon ancien droit sur le fonds que je lui transmets.

Pourrait-on conclure de cette *deductio* que les Romains ont connu notre mode de constitution d'une servitude que notre Code appelle : la destination du père de famille?

Non, car si on lit attentivement la définition donnée par l'article 693 du Code civil, on voit un propriétaire de deux fonds, ayant destiné l'un au service de l'autre et aliénant ensuite le fonds servant, convenir tacitement avec l'acquéreur que les choses resteraient au même état qu'avant l'aliénation : dans ce cas, les jurisconsultes romains ne distinguaient pas, pour admettre la *deductio*, si la servitude était continue ou discontinue, apparente ou non apparente; dans notre droit, au contraire, l'article 692 n'admet la destination du père de famille, que pour les servitudes continues et apparentes. On voit bien qu'il n'y a pas parfaite ressemblance entre les deux institutions, et que la plus récente ne procède pas de l'autre. Ajoutons, enfin, que deux textes du Digeste appuient cette solution : la loi 30 princ. liv. 8, tit. 2; et par *a contrario*, la loi 31, liv. 8, tit. 3.

Remarquons, pour finir sur la question de la *deductio*, qu'elle comporte tous les modes particuliers de constitution d'une servitude, sauf pourtant la tradition; parce que ce mode de transférer la propriété est du droit des gens. (Fragm. Vatic. § 47). Mais plus tard, les jurisconsultes l'admettent aussi dans ce cas (loi 6 Dig. liv. 8, tit. 4).

Ces principes généraux posés, nous allons examiner par quels procédés on établit une servitude et les réformes successivement apportées à la rigueur du droit civil, par les préteurs et par Justinien.

SECTION I

Modes de constitution du droit civil.

Ce sont, sauf exception, les mêmes que ceux qui opèrent la translation de la propriété, puisqu'une servitude est un démembrement de cette propriété.

Je dis : sauf exception, car il faut retrancher de ces modes l'occupation, comme impossible dans l'espèce, puisqu'on ne peut établir de servitudes sur des choses *nullius*, qui n'ont pas encore de propriétaire; la tradition, puisque les servitudes ne sont pas susceptibles de possession, comme étant choses incorporelles; l'usucapion, pour le même motif (loi 43, § 1, Dig. liv. 41, tit. 1), quoique, dans le principe, elle fut admise pour les deux catégories de servitudes; Paul nous apprend (loi 4, § 29, liv. 41, tit. 3), en effet, qu'une loi Scribonia en avait défendu l'emploi. Mais elle supposait toujours que l'on voulait acquérir ainsi la servitude elle-même, séparée de la propriété; car, réunie à cette propriété, elle peut s'acquérir en même temps qu'elle par usucapion; Ulpien le dit formellement dans les termes suivants: *Hoc jure utimur, ut servitutes per se nusquàm longo tempore capi possint, cum ædificiis possint.* (Loi 10, § 1, Dig. *eod. tit.*)

Mais les principes précédents, en matière d'usucapion, paraissent heurtés par un texte de Paul : « *Servitus hauriendæ vel ducendæ aquæ, biennio omissa, intercidit, et, biennio usurpata, recipitur.* » (Sentences, liv. 1, tit. 17, § 2).

Ce texte en suit un autre (§ 1, *eod. tit.*), qui dit formellement qu'on ne peut usucaper les servitudes de *via*, *iter*, *actus*, d'*aquæductus*, une fois qu'on les a laissées éteindre par le non-usage.

Voilà une différence bien tranchée au profit de la servitude *aquæ hauriendæ vel ducendæ;* peut-on l'expliquer, et par cela même l'annihiler, en disant, avec certains interprètes, que le jurisconsulte a visé tout simplement le cas où des actes de jouissance auraient été exercés avant que le délai de deux ans fût expiré? Non, nous ne le croyons pas; les termes du texte de Paul sont trop formels pour essayer cette conciliation; il faut admettre ce texte comme une exception à la règle.

Nous avons dit, plus haut, que les servitudes rurales

seules pouvaient être constituées par la mancipation; nous n'y revenons pas.

Ces modes écartés, nous arrivons à énumérer ceux qui sont communs à l'acquisition de la propriété, et à celle de toutes les servitudes.

1° La *cessio in jure*.

C'est le procédé le plus usité pour créer une servitude.

Tandis que, dans la *mancipatio*, il fallait la présence de cinq témoins, *l'in jure cessio* nécessitait celle du magistrat, préteur ou gouverneur de province, qu'on ne trouvait pas toujours, suivant l'aveu de Gaïus (Comm. 2, § 25); de sorte qu'autant que possible, on se servait ici de la *mancipatio;* mais, comme nous venons de le dire, elle ne pouvait s'appliquer aux servitudes urbaines; il fallait donc, dans ce cas, en passer par *l'in jure cessio*.

Les formes de cette *cessio in jure* sont relatées dans Gaïus (Comm. 2, § 24); comme dans la *mancipatio*, il faut que la chose qu'on veut obtenir, ou sa représentation, soit présente; mais ces deux cérémonies diffèrent dans les détails, en ce sens que la *mancipatio* est une vente imaginaire, symbolique; tandis que la *cessio in jure* est une revendication, mais revêtant aussi une forme symbolique et imaginaire (Gaïus, Comm. 1, § 119, et 2, § 24).

Il résulte de deux textes que si une femme en tutelle, ou un *pupillus*, voulaient constituer sur un de leurs fonds une servitude quelconque, il leur fallait nécessairement *l'auctoritas tutoris*, que ce fût la mancipation, ou encore *l'in jure cessio*, dont ils se servissent (Ulp., Fragm., tit. 11, § 27; Fragm. Vatic. § 45).

2° *L'adjudicatio*,

C'est un moyen, moins employé que le précédent, d'établir une servitude, et voici la raison : c'est qu'il faut qu'un état d'indivision se produise par l'une des trois causes suivantes : une succession à partager, une société à dissoudre et à liquider, un bornage à faire (Ulp. reg. tit. 19, § 16). Ces cas-là, on le comprend bien, ne seront pas d'une application quotidienne.

Il faut deux conditions :

A. L'une qui rentre dans le principe que nous venons de poser : c'est que la servitude soit établie entre deux fonds soumis tous les deux à l'un des trois cas précédents et au même (loi 7, § 1, loi 18, Dig. liv. 10, tit. 3).

B. Que le *judicium* qui interviendra soit *legitimum*, c'est-à-dire qu'il ait été rendu à Rome, entre citoyens romains, et par un *unus judex* (Gaïus, Comm. 4, § 104).

Nous verrons tout à l'heure que le droit prétorien vint protéger les effets d'un *judicium imperio continens*, comme ceux du *judicium legitimum*.

Ces deux conditions réunies, l'*adjudicatio* prononcée par le *judex*, pourra mentionner une servitude au profit d'une des parts, sur une autre part.

3° Le legs *per vindicationem*.

Les *Institutes* (liv. 2, tit. 3, § 4, *in fine*) le consacrent en ces termes : *Potest etiam in testamento quis heredem suum damnare, ne altius tollat ædes suas, etc.*, au profit d'un voisin, ce qui implique *translatio* de la servitude vis-à-vis de lui ; elle pourra aussi être établie par *deductio*, entre deux fonds héréditaires, par exemple, dont l'un deviendra servant de l'autre (loi 19, pr. Dig. liv. 7, tit. 1).

Le legs *per vindicationem* seul pourra créer ces démembrements de la propriété, puisqu'il a seul le pouvoir de transférer ladite propriété. Si donc on lègue un fonds *per damnationem*, sous la condition, pour l'héritier, de constituer une servitude sur ce fonds au profit d'un tiers, ce legs n'aura pas par lui-même un effet créateur d'une servitude; l'adjonction d'une *mancipatio* ou d'une *cessio in jure* sera nécessaire pour déterminer cet effet.

Passons maintenant aux *améliorations* apportées à la loi civile par le droit prétorien.

SECTION II

Modes de constitution du droit prétorien.

Nous venons de voir que le droit civil était très strict et très rigoureux, quant aux modes de création d'une servitude.

On sait que, dans toutes les matières du droit romain, le préteur se donna toujours la mission d'adoucir, autant qu'il lui était possible, les règles austères et rigides que la loi des XII Tables avait transmises de génération en génération, et qui, bientôt, ne cadrèrent plus du tout avec les mœurs romaines; on ne pouvait remplacer ces règles d'un seul coup; on se contenta, soit de les tourner, soit d'en arrondir les arêtes trop anguleuses, ce qui était bien nécessaire dans une matière importante et d'une utilité presque continuelle comme celle des servitudes.

Voyons donc comment le préteur s'y prit pour en favoriser l'établissement :

1° Nous avons dit précédemment que le caractère général à toute servitude prédiale était d'être perpétuelle.

Il en résulte la conséquence toute naturelle, que la constitution d'une servitude en ces termes : « Je vous consens un droit de passage, par exemple, jusqu'aux calendes de telle année, ou encore, jusqu'à ce que tel événement arrive; » cette constitution, dis-je, ne sera pas valable, en tant que soumise à un terme ou une condition résolutoires; mais elle vaudra toujours comme constitution pure et simple d'une servitude.

Qu'a fait ici le préteur pour respecter l'intention des parties? Il n'a nullement supprimé le jeu de l'action confessoire, qui pourra être intentée dès que le terme ou la condition résolutoires seront accomplis; mais il a donné au constituant une exception *doli* ou *pacti conventi*, pour résister à cette action confessoire, et en paralyser l'effet (loi 4, pr. Dig. liv. 8, tit. 1; loi 56, § 4, *in fine*, Dig. liv. 45, tit. 1).

Pourquoi cette extension apportée au droit civil? Deux raisons la justifient : d'abord, comme nous venons de le dire, le respect des conventions; puis l'idée nouvelle et très sensée des jurisconsultes romains, tout opposée à la perpétuité, d'abord convenue, des servitudes; c'est que lesdites servitudes étant en somme des obstacles à la jouissance pleine et entière du *dominium* de la propriété, ces obstacles devaient disparaître un jour ou l'autre, d'une manière quelconque, et surtout si l'intention des parties a été qu'il en fût ainsi.

Le principe ancien de la perpétuité des servitudes semble tout naturellement n'avoir pas défendu l'apposition d'un terme ou d'une condition suspensifs à leur création. Par exemple : « Je vous constitue une servitude *altius non tollendi* à partir des ides de mars, ou si tel événement arrive. » La naissance du droit sera retardée ou suspendue jusqu'à l'accomplissement du terme ou de la condition. Mais cela est-il permis?

Un premier texte (loi 77, Dig. liv. 50, tit. 17) déclare

que la *mancipatio*, l'*in jure cessio*, l'*adjudicatio*, étant des *actus legitimi*, ne peuvent recevoir l'adjonction d'un terme ou d'une condition, soit suspensifs, soit résolutoires, quand elles sont *apertè comprehensæ*; mais on les admettrait très bien si elles étaient *tacitæ*. (Voir la loi 11, Dig. liv. 8, tit. 3; et les lois 6, § 2, et 18, liv. 8, tit. 4.)

Un autre texte (loi 3, Dig. liv. 33, tit. 3) établit parfaitement que l'on peut très valablement constituer une servitude au moyen d'un legs à terme ou conditionnel.

Mais un troisième texte (loi 4, Dig. liv. 8, tit. 1) nous met tout à fait dans l'embarras par le principe qu'il pose, et dont les termes paraissent tout à fait généraux : *Servitutes ipso quidem jure neque ex tempore, neque ad tempus, neque sub conditione, neque ad certam conditionem (verbi grâtia, quandiù volam) constitui possunt : sed tamen si hæc adjiciatur, per pacti vel doli conditionem occurretur contrà placita servitutem vindicanti.* Disons tout d'abord que ce texte de Papinien est d'accord avec le préteur pour protéger le terme et la condition résolutoire. Remarquons cependant que, s'il s'accorde avec la loi 3, Dig. liv. 33, tit. 3, il est en complète contradiction avec la loi 77, *de regulis juris*, quant aux conditions ou termes suspensifs, expressément opposés à une constitution de servitude.

Comment concilier ces deux textes?

Certains interprètes du droit romain prétendent que le texte de la loi 4, Dig. *de servit.* a été probablement mutilé. Je penserais plutôt, en le comparant à la loi 77, *de regulis juris*, et en remarquant que les deux textes sont du même jurisconsulte, de Papinien, que la loi 4 a dû être faite la première, puisqu'elle est au livre 7 *Quæstionum*, tandis que la loi 77 appartient au livre 28 des mêmes *Quæstiones*; donc que la loi 77 confirme le principe posé dans la première partie de la loi 4, à savoir que les servitudes doivent être établies purement et simplement; mais qu'elle y déroge quant au terme et à la condition tacites; que, de plus, l'amélioration apportée au droit strict dans la seconde partie de la loi 4, par le préteur et les jurisconsultes, n'a pu s'étendre aux conditions et termes expressément adjoints à une servitude, quand elle est constituée par l'un des trois *actus legitimi* précédemment cités.

2° Nous avons vu que l'*adjudicatio* ne pouvait créer une servitude, que si le *judicium* était *legitimum;* telle était la rigueur du droit civil.

Mais nous voyons bientôt le préteur, au cas où le *judicium* est *imperio continens*, soutenir énergiquement la servitude établie, en opposant à l'action une exception *rei judicatæ* ou *in judicium deductæ* (Gaïus, Comm. 4, § 107).

3° La *quasi-traditio*, ou *patientia*.

C'est là le véritable progrès apporté par le préteur dans la manière de constituer une servitude; c'est un mode général pouvant s'appliquer à toutes servitudes, au profit de toutes personnes et en quelque lieu que soient situés les fonds.

Pour connaître le mécanisme de cette *quasi-traditio*, il faut nécessairement que nous parlions de la *juris possessio* ou *quasi-possessio*, par laquelle elle s'exerce, et que nous comparions celle-ci à la possession proprement dite.

On sait que la possession d'une chose consiste à l'avoir continuellement sous la main : « *Possessio*, dit Paul, *appellata est a sedibus, quasi positio : quia naturaliter tenetur ab eo qui ei insistit.* » (Loi 1, pr. Dig. liv. 41, tit. 2.)

Il faut, pour que la possession puisse exister, qu'elle réunisse les deux conditions suivantes :

1° Le *corpus*, ou mainmise sur la chose ;

2° L'*animus possidendi*, l'intention d'exercer cette mainmise pour notre propre compte (loi 3, § 1, Dig. liv. 41, tit. 2.)

Il est bien certain que, pour que la première condition ait lieu, il faut une chose qui soit matérielle, corporelle, tangible. C'est ce que nous disent deux textes, l'un directement : *Possideri autem possunt quœ sunt corporalia* (loi 3, princ. *eod. tit.*); l'autre par *a contrario : Nec possideri intelligetur jus incorporale* (loi 4, § 27, Dig. liv. 41, tit. 2.)

Or, les servitudes sont rangées parmi les choses incorporelles (Gaïus, Comm. 2, § 14, *in fine*).

Par conséquent, elles ne sont pas susceptibles de possession ; il en résulte aussi qu'on ne peut les usucaper, comme nous l'avons dit plus haut.

De plus, la possession, qui par elle-même exige la continuité, ne pouvait pas s'appliquer à certaines servitudes, l'*iter*, par exemple, qui sont de leur nature, discontinues (loi 14, Dig. liv. 8, tit. 1.)

Quoi qu'il en soit, les Romains, trouvant probablement trop incommodes les modes de constitution des servitudes, tels que la mancipation, etc., voulurent, tout en rejetant l'usucapion pour les servitudes, leur appliquer tous les autres effets de la possession; les préteurs finirent par faire admettre, comme ressemblant énormément à la possession proprement dite d'une chose, les actes de jouissance pratiqués à titre de servitude. Ces actes de jouissance, en effet, étaient des faits appréciables et en quelque sorte tangibles, se rapprochant beaucoup d'une mainmise sur une chose corporelle.

Cette réforme du préteur ne put entrer que peu à peu dans les mœurs et dans les idées romaines. Nous voyons, en effet, par un texte de Javolénus, jurisconsulte qui vivait sous Trajan, que, du temps d'Auguste, Labéon (voir aussi un texte d'Alfénus, loi 7, § 2, liv. 8, tit. 5) n'admettait pas la tradition pour la constitution d'une servitude qui avait fait l'objet d'une vente, et exigeait du vendeur, pour que la servitude pût subsister en fait, la promesse sous caution de ne pas s'opposer à la jouissance de ladite servitude par l'acheteur.

Javolénus, au contraire, est d'avis que ce dernier, en exerçant son droit de servitude, a reçu une sorte de tradition de la possession, qui l'investit juridiquement de ce droit : « *Ego puto*, dit-il, *usum ejus juris pro traditione possessionis accipiendum esse.* » (Loi 20, Dig. liv. 8, tit. 1.) Ulpien dit de même : « *Traditio planè et patientia servitutum inducet officium prætoris.* » (Loi 1, § 2, Dig. liv. 8, tit. 3.)

La nouvelle doctrine, introduite par les préteurs, a donc sa confirmation, sa sanction ; elle est établie sur des bases solides ; la *quasi-possessio*, qui est l'exercice du droit de servitude, mène à la *quasi-traditio*.

Le fait de jouissance et d'exercice d'une servitude qui constitue la *quasi-possessio*, sera différent suivant que la servitude sera positive ou négative. Si elle est positive, par exemple, une servitude d'*iter*, il faudra que des actes aient été faits sur la chose qui devra supporter la servitude, et que le propriétaire de cette chose ne s'y soit pas opposé ; si la servitude est négative, par exemple, *altius non tollendi*, il faut qu'il y ait abstention de la part de celui qui a consenti cette servitude sur sa maison.

Dans le premier cas, il y a *usus ;* dans le second, il y a *patientia* (loi 11, § 1, Dig. liv. 6, tit. 2).

Ces deux manières de procéder mènent directement à la *quasi-traditio.*

Comme la tradition, elle admettra toute espèce de modalités suspensives du droit à exercer (loi 48, Dig. liv. 2, tit. 14). De plus, s'il y a eu tradition d'un fonds, il pourra être fait, par le *tradens*, la *deductio* d'une servitude au profit de ce fonds, sur un fonds à lui appartenant, ou réciproquement (loi 6, pr. Dig. liv. 8, tit. 4).

La *quasi-possessio*, en se prolongeant pendant un certain temps, pourra servir à constituer une servitude, tout comme la possession, dans l'ancien droit, menait à l'usucapion. Mais cette *quasi-possessio longi temporis* devra-t-elle réunir les conditions que demandait l'usucapion ?

Faudra-t-il une *justa causa*, un *justus titulus?* Nous ne le pensons pas, en présence de plusieurs textes qui nous paraissent bien formels. En effet, les lois 10, pr. liv. 8, tit. 5 au Digest, et 1 et 2, liv. 3, tit. 33 au Code, ne disent pas un mot du *justus titulus*, et même la première de ces lois dit positivement : *(Possidenti) non necesse est docere de jure quo aqua constituta est.*

Voilà une preuve qui nous semble bien forte en faveur de notre système. Et qu'on n'aille pas prétendre que l'on doit appliquer ici l'obligation de la *justa causa*, puisqu'on accorde à la *longa quasi-possessio*, les effets de la *præscriptio longi temporis ;* tant qu'un texte ne vient pas corroborer cette opinion, elle ne peut sérieusement se soutenir.

Certains auteurs prétendent, en outre, que si le principe que nous posons est vrai pour les servitudes qui consistent *in faciendo* ou *in habendo*, il en est autrement pour celles qui supposent une abstention, qui sont négatives; parce que, disent-ils, s'il en était autrement, la quasi-possession serait clandestine vis-à-vis celui qui s'abstiendrait, de la part de son voisin. L'inconvénient existe bien dans ce cas; il est prévu par la loi 10 précitée, qui suppose que l'on a possédé *nec vi, nec clàm, nec precariò*. La clandestinité rend donc nécessaire une *justa causa* dans ce dernier cas, et ce n'est que justice.

Faudra-t-il la *bona fides ?* Nous n'avons pas encore de texte qui l'exige en propres termes; mais nous venons de voir dans la loi 10, *in fine*, que la violence, *vis*, est contraire à l'existence d'une *longa quasi-possessio ;* sans que le manque de violence soit synonyme de bonne foi, il nous semble qu'il s'en rapproche sensiblement, et à défaut de texte contraire, on peut admettre cette condition comme nécessaire à la *quasi-possessio*.

Quelle devra être sa durée? Des auteurs se sont demandé si on devait appliquer ici celle de la *præscriptio longi temporis*, et dire qu'il suffirait d'une *quasi-possessio* de dix ans entre présents, et vingt ans entre absents, d'après les principes du droit commun (*Sentences de Paul*, liv. 5, tit. 5, § 8). En effet, en présence de la loi 10 Dig. liv. 8, tit. 5, qui parle d'une *quasi-possessio per tot annos*, on s'est demandé pourquoi cette indétermination d'époque; mais il y a un autre texte, plus récent, il est vrai, mais dont les termes des plus précis ne laisseront plus aucun doute, à notre avis, sur la question : c'est la loi 2 au Code, liv. 3, tit. 33, qui dit littéralement, à propos d'une servitude d'*aqua* :

Servitutem exemplo rerum immobilium tempore quæsisti. Or le temps exigé pour la *præscriptio* des immeubles est de dix ou vingt ans, suivant qu'elle a lieu entre présents ou entre absents.

Remarquons ensuite une nouvelle application de la *quasi-possessio*, quant aux fonds provinciaux.

Rappelons-nous, en effet, que les servitudes ne pouvaient, dans le principe, être établies que par des modes du droit civil, tels, par exemple, que la *mancipatio*, l'*in jure cessio*, etc. Il en résulte que les fonds provinciaux, ne pouvant jouir d'aucun de ces modes, il était complètement impossible de les grever de servitudes prédiales. Or, au moyen de la *quasi-traditio* et de la *patientia* de la part du propriétaire qui laissera asservir son fonds de telle ou telle manière, on pourra désormais acquérir une servitude sur un fonds provincial (loi 3, Code, liv. 3, tit. 33).

SECTION III

Modes de constitution sous Justinien.

Justinien ne fit qu'élargir les réformes apportées par le préteur à la constitution des servitudes, et chercha à se débarrasser des anciens modes de constitution qui supposaient un formalisme trop compliqué et trop embarrassant pour son époque.

C'est ainsi qu'il supprima la *mancipatio* et l'*in jure cessio*. Il conserve, au contraire, les modes de constitution par la *quasi-traditio*, par le legs (et alors il n'y avait plus qu'une seule espèce de legs); par la *deductio* dans une tradition ou dans un legs ; par la *quasi-possessio longi temporis*; enfin par l'*adjudicatio*, que le *judicium* soit *legitimum* ou *imperio continens*.

Il admet aussi les modalités supensives.

Mais Justinien a-t-il admis que la simple convention suffirait à constituer une servitude ? Les Institutes contiennent, en effet, un texte (Instit. § 4, liv. 2, tit. 3) qui a fort embarrassé les auteurs; ce texte dit : *Si quis velit vicino aliquod jus constituere, pactionibus atque stipulationibus id efficere debet.*

Que conclure de là, sinon que la convention des parties, sous forme de stipulation, suffit pour établir une servitude prédiale ?

Il est vrai que de nombreux et savants romanistes prétendent que ce nouveau et très facile mode de constitution ne s'appliquera, en fait, que dans des cas assez rares, où la servitude ne pourrait être créée par un autre moyen. Ils s'appuient, pour cela, sur un texte du Digeste ainsi conçu : *Per plurium prædia aquam ducis. Quoque modo impositâ servitute, nisi pactum, vel stipulatio etiam de hoc subsecuta est, neque eorum cuivis neque alii vicino poteris haustum ex rivo cedere : pacto enim vel stipulatione interveníentibus, et hoc concedi solet, quamvis nullum prædium ipsum sibi servire neque servitutis fructus constitui potest.* (Loi 33, § 1, Dig. liv. 8, tit. 3.)

Les mêmes auteurs, non contents de ce premier argument, en tirent un second, qui leur semble très important et venant de la comparaison du texte des Institutes avec le texte correspondant de Gaïus (Comm. II, § 31). Ils disent que Justinien a maladroitement copié Gaïus, lequel ne visait que les fonds provinciaux, *prædia Italica*; Justinien, d'après eux, ne tenant pas compte que, de son temps, il n'y avait plus de différence entre les *prædia Italica* et les *prædia romana*, a reproduit littéralement le procédé, sans mentionner ce à quoi il s'appliquait précédemment.

La réponse nous semble facile : si Justinien n'a reproduit que le procédé et l'a mis dans le chapitre consacré aux servitudes, c'est qu'il avait une intention bien claire de faciliter leur établissement.

Qu'on prouve, par des arguments sérieux et solides, que son intention a été tout autre, ou qu'elle n'a pas existé, en s'identifiant avec l'idée de Gaïus, nous le voulons bien ; mais il nous semble qu'il est difficile d'arriver à faire cette preuve d'une façon bien convaincante.

Les mêmes auteurs attaquent le texte de Justinien à cause du mot *constituere*, en mettant en opposition un autre texte (loi 3, Dig. liv. 7, tit. 1), où le même mot s'applique au legs *per damnationem* d'un droit réel ; or, dit-on, ledit legs n'attribue au légataire qu'un droit de créance. Soit ; mais, en lisant la fin du texte, ne voit-on pas qu'en définitive, la constitution du droit réel se fait indirectement, si l'on veut, *patientiâ*; mais enfin elle se fait. Il nous semble qu'un tel argument ne peut à lui seul changer un principe aussi nettement posé dans les Institutes.

Disons, pour finir sur ce point, qu'un argument autrement fort vient à l'appui de notre système, il est tiré du texte suivant : *Si qua servitus imposita est, necesse habebit fructuarius sustinere : undè et si per stipulationem servitus debeatur, idem puto dicendum.* (Loi 27, § 4, Dig. liv. 7, tit. 1. — Voir même loi, § 5.) Qu'est-ce à dire, sinon qu'une stipulation, qui contient en elle-même un pacte (sans cela elle ne serait pas suivie d'une promesse et serait inutile), suffit à créer une servitude ?

Je sais bien que les auteurs opposés à notre doctrine supposeront, dans ce texte, la stipulation précédée par une *quasi-traditio*, et qu'ils diront, d'une manière générale, que sans *quasi-traditio* préalable, toutes les stipulations possibles seront impuissantes à établir une servitude.

Nous nous sommes basés, au contraire, sur des textes et des arguments qui nous paraissent des plus sérieux, et non sur des hypothèses aventurées, pour défendre le système contraire qui nous paraît le bon.

Pour finir sur cette question, demandons-nous s'il sera nécessaire que la stipulation, devant conduire à l'établissement réel de la servitude, contienne une *pœna*, au cas où le promettant mettrait obstacle aux droits du stipulant ?

Non ; bien que, la plupart du temps, une *pœna* fût stipulée, les textes nous donnent des exemples de constitution *sinè pœnâ.* (Voir loi 14, pr. Code, liv. 3, tit. 31, voir aussi loi 12, § 4, Code, liv. 8, tit. 10.)

CHAPITRE IV

Des actions relatives aux servitudes.

SECTION I

De l'action confessoire.

Comme son nom l'indique, l'action confessoire tend à une *confessio*, à un aveu, de la part de celui qui doit la servitude, à celui à qui elle est due.

Cette action est une action réelle. Gaïus, et après lui les Institutes le disent formellement : *In rem actio est, cum intendimus jus aliquod nobis competere, velut eundi, agendi, aquamve ducendi, vel altiùs tollendi, vel prospiciendi.* (Gaïus, Comm. IV, § 3; Instit. liv. 4, tit. 6, § 2.)

L'action confessoire constituait une véritable revendication d'un droit réel ; aussi la procédure ressembla-t-elle à celle de la revendication du *dominium ex jure Quiritium*. Du temps des actions de la loi, ce fut le *sacramentum* (Comm. IV, § 13) qui fut employé ; puis, quand les actions de la loi *in odium venerunt propter nimiam subtilitatem* (Comm. IV, § 30), et que le système formulaire vint les remplacer, ce fut la *sponsio* qui devint en faveur (Comm. IV, § 93).

Elle ressemblait au *sacramentum* en ce sens que l'adversaire était provoqué à soutenir une gageure consistant en une somme d'argent; tandis que la formule du *sacramentum* consistait à dire : *Hunc ego hominem ex jure Quiritium meum esse aio, etc.*, ici, dans l'espèce, la *provocatio* avait lieu dans les termes suivants : *Si jus (eundi, aut agendi, aut, etc.,) mihi est, viginti quinque sestertios dare spondes?* L'adversaire répondait : *Spondeo.* La différence entre les deux procédures consistait en ce que, dans le *sacramentum*, le perdant payait la somme engagée; par la *sponsio*, la gageure était fictive; elle était préjudicielle, et ne tendait qu'à faire décider la question de propriété. De plus dans la *sponsio*, il n'y avait pas une double revendication comme dans le *sacramentum*; on ne faisait que provoquer l'adversaire à promettre. Enfin, au lieu d'obtenir la chose ou le droit réel qu'il revendiquait, comme l'action *sacramenti* le permettait, celui qui triomphait n'obtenait plus qu'une somme d'argent, *pecuniariam æstimationem* (Comm. IV, § 48).

Concurremment avec la *sponsio*, on finit par admettre la *formula petitoria* (Comm. IV, § 91). En quoi consistait-elle ? Gaïus nous le dit : *Petitoria formula hæc est quâ actor intendit rem suam esse.* Ici, l'intention sera faite dans ces termes : *Si paret hoc jus (itineris, aut aquæductus, aut altiùs tollendi, etc.,) ejus esse.* Quel était le résultat de cette procédure ? Paul nous le dit au Digeste, dans la loi 7, liv. 8, tit. 5 : *Harum actionum eventus hic est, ut victori officio judicis, aut res præstetur, aut cautio.* Ainsi il fallait soit fournir l'exercice de la servitude, soit donner caution qu'on facilitera au *dominus servitutis* les moyens de l'exercer. Le texte ajoute : *Et si caverit, absolvetur. Si verò neque rem præstat, neque cautionem, tanti condemnet, quanti actor in litem juraverit.* Voilà la sanction attachée à l'obligation.

Voyons maintenant comment et à quelles conditions peut s'exercer l'action confessoire.

Il faut : 1° que le droit de servitude appartienne véritablement au demandeur ;

2° Que l'adversaire l'ait troublé dans l'exercice de ce droit.

Pour que le demandeur prouve qu'il a un droit de servitude sur le fonds voisin, il faudra qu'il prouve qu'il est propriétaire du fonds au nom duquel il invoque cette servitude. C'est ce que dit la loi 2, § 1, liv. 8, tit. 4 au Digeste : *Hæc autem in rem actio confessoria nulli alii quàm domino fundi competit : servitutem enim nemo vindicare potest, quàm is qui dominium in fundo vicino habet, cui servitutem dicit deberi.* (Voir dans le même sens, les lois 6, § 3, *eod. tit.*, et 16, liv. 41, tit. 1.)

Quid, si le fonds dominant appartient à plusieurs co-propriétaires? Comment s'exercera l'action? La loi 4, § 3 au même titre, nous répond que *unicuique in solidum competit actio.*

De même, si, en sens contraire, le fonds servant est en commun, *adversus unumquemque poterit ita agi*, dit la loi 4, § 4, *eod. tit.*

Mais si, dans le premier cas, le co-propriétaire, agissant à bon droit en revendication d'une servitude, a perdu son procès par sa faute ou par *collusionem*, il sera exposé au recours des autres co-propriétaires par l'action de *dolo.* (Loi 19 Dig. liv. 8, tit. 5.)

Si un usufruit est établi sur le fonds dominant, et que l'usufruitier soit troublé dans l'exercice de la servitude, pourra-t-il intenter l'action confessoire pour faire cesser ce trouble? Certainement, dit la loi 1, liv. 7, tit. 6, Dig. *Servitutem quidem eum vindicare non posse sed usumfructum vindicaturum : ac, per hoc, vicinum, si non patiatur eum ire et agere, teneri ei, quasi non patiatur uti-frui.* (Voir de même, loi 5, § 1, *eod. tit.*, et loi 1, § 4, liv. 43, tit. 25.)

Il en sera de même en faveur de ceux qui ont un *pignus*, un droit d'emphythéose ou de superficie sur le fonds dominant. (Loi 16, Dig. liv. 8, tit. 1; loi 9, liv. 39, tit. 1; loi 1, § 9, liv. 43, tit. 18.)

Remarquons que l'action confessoire sera donnée contre toute personne qui troublera l'exercice d'une servitude; un texte du Digeste (loi 10, § 1, liv. 8, tit. 5) nous le dit, dans un cas particulier qu'il suffit de généraliser : *Cum omnibus agi poterit, quicunque aquam non ducere impediunt, exemplo cæterarum servitutum.*

Concurremment avec l'action confessoire, celui qui voulait défendre l'exercice d'une servitude contre tout trouble, avait à sa disposition l'action Publicienne : *Si de usufructu agatur tradito, Publiciana datur. Itemque servitutibus urbanorum prædiorum per traditionem constitutis, vel per patientiam, forté si per domum quis suam passus est aquæductum transduci. Item rusticorum, nam et hic traditionem et patientiam tuendam constat.* (Loi 11, § 1, liv. 6, tit. 2.)

L'utilité de cette action Publicienne consistera en ce qu'il suffira de prouver la *patientia* ou *quasi-traditio* pour pouvoir se défendre : peu importe qu'on soit ou non propriétaire du fonds dominant (et on peut donc éviter de faire la preuve de cette propriété), ou que la servitude nous ait été concédée par un individu qui n'était pas propriétaire du fonds servant.

Qu'entendra-t-on par le trouble apporté dans l'exercice d'une servitude par un tiers? Ce sera, suivant les circonstances, soit un trouble intentionnel de la part de ce tiers, mais sans intention de s'approprier l'usage de la servitude; soit au contraire, un trouble avec cette intention d'exercer le droit de servitude à son profit.

Quel sera le résultat de l'action confessoire? Ce sera, nous l'avons vu précédemment dans la loi 7 au Dig. liv. 8, tit. 5, de condamner le défendeur à respecter les droits du demandeur, et à donner caution comme garanti de ce respect ultérieur; il pourra même y avoir, dans certains cas, une *missio in possessionem*. La loi 18, liv. 8, tit. 5, nous en donne un exemple.

Il pourra aussi y avoir une condamnation à des dommages et intérêts (loi 4, § 2, et loi 6, § 6, *eod. tit.*) qui auront pour base d'évaluation l'intérêt plus ou moins grand qu'attachait le *dominus servitutis* à ne pas être troublé dans sa jouissance.

Le Digeste, dans un autre texte (loi 15, liv. 39, tit. 1), ajoute que si le défendeur, qui fait défaut à l'action intentée contre lui par le demandeur, devient demandeur à son tour, c'est une punition infligée à son imprudence intentionnelle.

SECTION II

De l'action négatoire.

A la différence de l'action confessoire, cette action est donnée au propriétaire du fonds soi-disant servant, contre le propriétaire qui prétend que son fonds a une servitude sur le premier.

C'est ce que disent les Institutes (liv. 4, tit. 6, § 2) : *Contrà quoque..... de servitutibus prædiorum rusticorum, item prædiorum urbanorum, invicem quoque proditæ sunt actiones, ut si quis intendat jus non esse adversarii.... eundi, agendi, etc., istæ quoque actiones in rem sunt, sed negativæ.* (Voir de même loi 2, pr. Dig. liv. 8, tit. 5.)

L'action négatoire s'appelle aussi *actio contraria*, par rapport à l'action confessoire. (Loi 8, pr. *eod tit.*)

Que doit prouver celui qui intente l'action négatoire?

Qu'il est propriétaire, et par conséquent que son fonds est libre de toute charge, de toute servitude ici dans l'espèce.

Mais pourquoi, dirons-nous, n'intente-t-il pas l'action en revendication, qui lui semble naturellement indiquée pour se défendre contre toute usurpation ?

C'est que, dans l'idée des Romains, il fallait la compétition de deux individus en vue d'exercer tout pouvoir sur une chose, pour que la revendication pût être intentée : tandis que pour une simple lésion, consistant, comme ici, dans l'usurpation d'un droit de servitude, de la part d'un tiers, sur le fonds d'une autre personne, cette dernière devait se contenter de nier l'existence de la servitude, et prouver que son fonds lui appartenait.

Devait-elle prouver, de plus, la non-existence de la servitude que le défendeur prétendait exercer, ou commençait à exercer ?

Il existe à ce sujet une grave controverse entre les interprètes.

Les uns prétendent que la preuve de la propriété ne suffit pas; il faut, en outre, que celui qui intente l'action négatoire établisse que la servitude réclamée n'existe pas sur son fonds. Ces auteurs s'appuient sur les textes, sur celui des Institutes que nous venons de citer plus haut et sur le texte d'Ulpien, au Digeste (loi 2, liv. 8, tit. 5. On oppose aussi la loi 8, § 3, *cod. tit.*; mais elle ne concerne qu'un cas particulier, celui de la servitude *tigni immittendi*, et qu'il nous paraît difficile de généraliser); ce texte dit simplement : (*Competit actio*) *negatoria domino qui negat.*

Nous nous rangerons parmi les partisans de l'opinion contraire, qui est la plus suivie, et qui prétend que la propriété d'un fonds une fois prouvée, c'est à celui qui prétend avoir une servitude sur ce fonds, à établir qu'elle existe à son profit. Pour soutenir ce système, on dit, et nous répétons après les interprètes, que la propriété étant, de sa nature, pleine et entière, une fois qu'une personne l'aura établie à son profit sur une chose, cette chose sera maintenue dans cet état, tant qu'un état contraire ne sera pas prouvé exister à son endroit; ce sera donc au défendeur à prouver son droit de servitude.

En quoi la lésion sera-t-elle suffisante pour nous permettre d'intenter l'action négatoire ? Il faut distinguer ici entre les faits de simple lésion, qui constituent un dommage à la propriété d'autrui, et qui donneront lieu à une simple action personnelle en dommages et intérêts, et la lésion caractérisée, en ce sens que l'auteur, en la commettant au préjudice d'un tiers, se croit en droit de la lui faire subir, comme résultant d'une servitude qu'il prétend avoir sur le fonds dudit tiers. Ce sera cette seconde espèce de lésion qui forcera le tiers à se défendre au moyen de l'action négatoire.

Si le demandeur triomphe dans son action, il pourra obtenir du juge que le défendeur fournira caution, répondant de sa soumission à la sentence prononcée (loi 12, liv. 8, tit. 5); il pourra aussi le faire condamner à des dommages et intérêts, *quanti interest petitoris, non uti fundi sui itinere adversarium.* (Loi 4, § 2. *eod. tit.*)

Le défendeur qui fait défaut sur l'action intentée contre lui, devra également fournir caution qu'il n'exercera pas la servitude, tant qu'il n'en aura pas prouvé l'existence à son profit. (Loi 15, Dig. liv. 39, tit. 1.)

Avant de terminer sur la matière de l'action négatoire, nous devons dire quelques mots d'une controverse qui ne pourra jamais, nous le craignons, recevoir de solution bien nette et surtout bien précise, à cause du manque de base de l'argumentation, résultant de l'obscurité du texte.

Nous voulons parler de la fin du § 2, du liv. 4, tit. 6 aux Institutes, où, après avoir expliqué quand a lieu l'action confessoire, quand a lieu, au contraire, l'action négatoire, et que cette dernière action est réservée à la contestation des droits réels, tandis que, pour la contestation de la propriété, ce n'est pas le propriétaire qui doit prouver sa propriété, puisqu'il possède, mais l'usurpateur; après toutes ces explications, dis-je, arrive une phrase très courte, ainsi conçue : *Sanè uno casu, qui possidet nihilominus actoris partes obtinet, sicut in latioribus Digestorum libris opportuniùs apparebit.*

Que veut dire cette énigme, et a-t-on vraiment trouvé dans le Digeste le passage auquel les Institutes renvoyaient le lecteur ? On y a vainement cherché une solution satisfaisante; un illustre commentateur moderne a cru que le texte visait l'action Publicienne, qui, étant intentée par un usurpateur quelconque contre un tiers en possession de la chose en litige, force ce tiers à prouver qu'il en est propriétaire; s'il le prouve, il pourra repousser l'usurpateur par l'*exceptio justi domini* (loi 16, Dig. liv. 6, tit. 2). Le tiers est-il devenu *actor*, demandeur dans l'espèce? mais comment le serait-il devenu, puisqu'il oppose, non une action, mais une exception; il nous semble, bien au contraire, qu'il est attaqué dans ses droits de propriété, et qu'en prouvant qu'ils existent, il ne fait que remplir l'office de demandeur.

Ce n'est donc pas là, à notre avis, la solution demandée; et sans examiner tous les systèmes sortis de l'imagination de savants interprètes, mais dont aucun ne s'appuie sur un texte précis et répondant à la donnée des Institutes, pourquoi ne chercherions-nous pas tout simplement à trouver la solution dans l'action négatoire elle-même, et à dire qu'elle constitue le seul cas visé par le texte précité?

En effet, dans cette action, n'est-ce pas celui qui possède qui doit prouver son droit de propriété sur la chose, avant que toute autre question ne soit débattue?

A-t-on trouvé, en outre, dans les textes romains, un cas qui ressemble à celui-là? Non, toute la science des plus profonds interprètes n'a pu aller jusque-là, faute de texte, et il nous semble qu'il est préférable de chercher à donner un sens vraisemblable à cette phrase obscure des Institutes, au lieu de disserter longuement à son propos sans pouvoir arriver à un résultat raisonnablement juridique.

SECTION III

Des interdits possessoires.

Nous entrons ici dans une matière des plus controversées et sur laquelle il y a eu bien des scissions entre les interprètes; les textes, quand ils ne sont pas contradictoires, ne sont pas suffisamment clairs pour permettre d'établir une théorie bien solide et surtout bien générale.

Nous chercherons, après examen des textes du Digeste, à nous faire une opinion aussi juridique que possible sur le système probable des Romains.

Il y a deux théories principales, bien séparées comme résultats, qui ont cours dans la doctrine.

La première consiste à appliquer à toutes les servitudes sans exception les interdits possessoires.

La seconde n'admet que les interdits spécialement attachés par le Digeste à telle ou telle espèce de servitude.

Le premier système s'appuie principalement sur un texte de Javolénus (loi 20, Dig. liv. 8, tit. 1), où ce jurisconsulte, examinant s'il peut y avoir une tradition pour les servitudes, répond négativement ; mais il ajoute, pour remédier en quelque sorte à ce principe de droit étroit : *Ego puto usum (servitutis) juris pro traditione possessionis accipiendum esse : ideòque et interdicta veluti possessoria constituta sunt*. Ce texte paraîtrait d'autant plus concluant, que le commencement ne vise pas du tout un cas particulier, et qu'on ne peut pas dire qu'il ne s'agit ici que d'un interdit spécial ; le texte dit en effet : *Quoties via, aut aliquid jus fundi*, etc. ; il est donc tout à fait général.

La fin de la loi 8, § 5, liv. 8, tit. 5, parait fort concluante en faveur de ce système, quoique certains auteurs prétendent que le texte est amphibologique.

Un autre texte qu'on invoque, la loi 1, § 8, Dig. liv. 43, tit. 3, en faveur de cette opinion ne peut s'y appliquer, car il n'a trait qu'à un interdit *adipiscendæ possessionis*.

Si nous passons maintenant aux arguments que présente

le second système, il s'appuie d'abord sur l'absence complète d'un texte général, précis ; puis sur une proposition d'Ulpien (loi 3, § 5, Dig. liv. 43, tit. 17), ainsi conçue : *Item videamus, si projectio supra vicini solum non jure haberi dicatur, an interdictum uti possidetis sit utile alteri adversus alterum? Et est apud Cassium relatum, utrique esse inutile, quia alter solum possidet, alter cum ædibus superficiem.* Comme le dit un interprète moderne, pourquoi l'interdit est-il refusé à l'un et à l'autre? c'est qu'il n'y a pas entre eux de cause de trouble. Celui qui exerce la *projectio* l'exerce sans droit, il est vrai; mais son adversaire aura, pour l'en empêcher, l'action négatoire, qui est une action réelle, mais non pas l'interdit *uti possidetis*, qui exige un fait violent de possession qui serait exercé par le premier. Remarquons donc que le texte dénie bien formellement l'interdit possessoire à celui qui possède un fonds soumis à l'exercice de la servitude *projiciendi* :

Les partisans du second système en tirent la conclusion générale, que les interdits possessoires ne peuvent s'appliquer aux servitudes.

Passons aux points où le terrain est plus solide, c'est-à-dire aux interdits prévus par les textes pour la défense de certaines servitudes, qui sont d'un usage très fréquent, pour la plupart.

Nous trouvons ainsi au Digeste, dans le livre 43, plusieurs titres consacrés chacun à un interdit spécial.

1° L'interdit *de itinere actuque privato* (tit. 19), qui est donné à celui qui a usé de la servitude d'*iter*, d'*actus*, ou de *via*, pendant une année, ou même seulement pendant trente jours, *nec vi, nec clàm, nec precariò*. Si on veut remettre en état l'*iter* ou l'*actus*, on devra donner la *cautio damni infecti.* (Loi 3, § 12, liv. 43, tit. 19.)

2° Les interdits *de aquâ quotidianâ et æstivâ.* — Ils servent à protéger une servitude procurant à celui qui l'exerce, le droit d'amener chez lui, *ducere*, de l'eau tous les jours et en toute saison, si la servitude est *aquæ quoditianæ;* si elle est *aquæ æstivæ*, ce sera durant l'été seulement que l'on pourra se procurer de l'eau pour l'utilité de son fonds; peu importe que ce soit à la ville ou à la campagne. Il faut, pour employer ces interdits, que l'usage ait duré une année, *nec vi, nec clàm, nec precariò.* (Loi 1, pr. § 2 et 14, liv. 43, tit. 20.)

3° L'interdit *de rivis*, qui vient au secours de toute personne qui, *nec vi, nec clàm, nec precariò*, pendant l'été précédent, ou pendant un an, a amené de l'eau chez lui, et qui veut *reficere rivos* et *purgare*, remettre en état le lit de la rivière qui lui fournit de l'eau; mais il devra la *cautio damni infecti* (loi 1 pr. loi 3, § 9, liv. 43, tit. 21).

4° L'interdit *de fonte*, protégeant celui qui aura usé de l'eau d'une source *fons* pendant un an, *nec vi, nec clàm, nec precariò.* — Le texte (loi 1, § 4, liv. 43, tit. 22) distingue bien la *cisterna*, citerne, de la source, *fons;* car elle n'est pas perpétuelle comme cette dernière; donc son usage ne sera pas protégé par l'interdit. Comme précédemment, on pourra *reficere et purgare fontem.*

5° L'interdit *de cloacis*, qui permet de réparer un *cloaque* qui *in vicini ædes venit*, et cela par mesure de salubrité publique (loi 1 pr. et § 12, liv. 43, tit. 23).

Dans tous ces cas, l'adversaire, qui s'oppose à l'exercice de la servitude, pourra être condamné à des dommages et intérêts, en rapport avec l'importance de la lésion causée. (Voir par exemple la loi 3, § 3, liv. 43, tit. 19, et la loi 1, § 23, liv. 43, tit. 20.)

Et maintenant, que pourons-nous conclure des deux systèmes en présence ? Lequel est le meilleur ? A notre avis, et après examen des textes, il nous semble qu'il vaut mieux suivre le second, qui a le mérite de ne s'avancer qu'à l'aide de textes bien authentiques comme doctrine ; il faut supposer que les Romains ont regardé comme suffisante, pour défendre la cause des servitudes, l'action confessoire aidée de la Publicienne dans certains cas.

CHAPITRE V

Comment s'éteignent les servitudes.

Il y a cinq modes d'extinction des servitudes :

1° La confusion.

Elle se produit au cas où c'est la même personne qui a en son pouvoir, et la servitude sur tel ou tel fonds, et le fonds lui-même (loi 1, Dig. liv. 8, tit. 6) ; et cela, en vertu de la règle : *Nemini res sua servit.* Mais il faut que la confusion soit totale; sinon, par suite du principe d'indivisibilité des servitudes, la servitude continuerait à subsister sur la partie non soumise à la confusion (loi 8, § 1, liv. 8, tit. 1). *Quid*, si l'un des deux fonds soit dominant, soit servant, vient à sortir, par aliénation, quelle qu'en soit la cause, des mains de leur propriétaire; la servitude revivra-t-elle, par cela même, d'un fonds sur l'autre ? Elle ne pourra revivre (loi 10, liv. 8, tit. 4), à moins que la confusion ne soit que provisoire, si, par exemple, exerçant une servitude sur le fonds d'un tiers, j'hérite de lui, mais qu'il me charge de remettre le fonds servant à un légataire ; dans ce cas, celui-ci devra supporter la servitude, car elle n'a été éteinte que pour un moment et provisoirement, entre mes mains (loi 18, liv. 8, tit. 1). Il est bien entendu qu'une stipulation pourra survenir, au cas d'aliénation d'un des fonds par le *dominus* à un tiers, qui ressuscitera la servitude en sa faveur. (Loi 2, § 19, liv. 18, tit. 4.)

2° La renonciation du *dominus servitutis* à l'exercice de la servitude.

Cette renonciation aura lieu, soit par l'*in jure cessio* (loi 18, liv. 8, tit. 4), soit par une *mancipatio*, mais seulement pour les servitudes rurales. A côté de ces modes directs, on peut placer aussi l'autorisation donnée au propriétaire du fonds servant de faire un acte contraire à la servitude; une renonciation aussi formelle permettra à ce propriétaire d'opposer à l'avenir une exception *pacti conventi* ou *doli mali* au *dominus servitutis*, qui voudrait la revendiquer (loi 8, liv. 8, tit. 6). Mais remarquons que l'indivisibilité d'une servitude exige que si elle appartient à plusieurs copropriétaires, ce sera par suite de la renonciation formelle de tous, que la servitude s'éteindra (loi 34, pr. liv. 8, tit. 3. — De même loi 32, liv. 8, tit. 2); la renonciation d'un seul serait inutile.

3° La perte du fonds dominant, ou du fonds servant.

Ajoutons-y l'impossibilité d'exercer la servitude, par suite de telle ou telle transformation. Nous avons cependant au Digeste un texte de Paul qui dit qu'en cas de destruction du bâtiment qui jouit de la servitude *stillicidii recipiendi*, si ce bâtiment est refait, la servitude subsistera quand même : *alioquin*, ajoute le texte, *si quid strictiùs interpretetur, aliud est, quod sequenti loco ponitur* (loi 20, § 2, liv. 8, tit. 2). Mais il faut que le propriétaire s'occupe de rebâtir aussitôt; sinon, il pourrait s'exposer à l'extinction de la servitude par le non-usage pendant un certain temps.

Remarquons enfin que l'échéance du terme, ou l'arrivée de la condition apposée à une servitude, la feront disparaître, et celui qui aura stipulé ces modalités aura l'exception de dol pour repousser l'action confessoire du *dominus servitutis* (loi 4 pr. liv. 8, tit. 1).

4° La résolution du droit du constituant.

Un texte de Marcellus (loi 11, § 1, liv. 8, tit. 6) suppose qu'un héritier a consenti à un tiers une servitude sur un fonds légué sous condition ; la condition arrive ; la servitude s'éteint, en vertu de la règle : *Nemo plus juris ad alium transferre potest, quàm ipse habet.*

Si, au contraire, on lui a consenti des servitudes sur le fonds légué, il en perd bien la propriété quand la condition se réalise ; mais le légataire profitera cependant des servitudes acquises par l'héritier : c'est ce que nous dit formellement la fin du texte.

5° Le non-usage pendant un temps légal.

Ce mode d'extinction d'une servitude résulte tout naturellement du principe, que la propriété est libre par essence, et que, du moment où elle est amoindrie par telle ou telle charge qu'on lui impose, du moment où on cesse de la lui imposer pendant un certain laps de temps, la propriété tend à redevenir libre, pleine et entière comme auparavant.

Paul, dans ses Sentences (liv. 1, tit. 17, § 1), nous dit : *Viam, iter, aquæductum, qui biennio usus non est, amisisse videtur.*

Mais le non-usage, fixé à deux ans par la doctrine romaine, est-il applicable à toutes les servitudes ?

La réponse se trouve dans la loi 6, Dig. liv. 8, tit. 22, qui est le texte fondamental de la matière : (*Prædiorum urbanorum*) *jura similiter, ut rusticorum quoque prædiorum, certo tempore non utendo pereunt : nisi quod hæc dissimilitudo est, quòd non omninò pereunt utendo : sed ita si vicinus simul libertatem usucapiat.* Ce texte nous dit donc qu'il faut distinguer :

que le non-usage concernera simplement les servitudes rurales, mais qu'il faudra, en plus, pour éteindre les servitudes *urbaines*, l'*usucapio libertatis*.

Disons tout de suite, avant d'entrer plus avant dans la matière, que nous admettons toujours, comme au début de cette thèse, qu'une servitude quelconque n'est pas invariablement rurale, ou invariablement urbaine; mais qu'elle sera tantôt rurale, parce qu'elle sera attachée à une construction, tantôt urbaine, si elle est inhérente au sol.

Qu'entend-on par *usucapio libertatis?*

La suite du texte précédent (loi 6, liv. 8, tit. 22) nous en donne deux exemples; prenons le premier : Si ma maison a sur la vôtre une servitude *ne luminibus mearum ædium officiatur*, ou encore, *altiùs non tollendi*, il faudra que vous fassiez un ouvrage qui nuise à mon jour, ou que vous exhaussiez votre maison; si, à partir de cet acte positif de votre part, je reste deux ans sans réclamer, sans intenter d'action en revendication de la servitude, vous arrivez à l'éteindre. Il faut donc ici un acte contraire à l'exercice et à la jouissance de la servitude.

D'où vient cette différence entre les servitudes urbaines et les servitudes rurales?

Certains interprètes pensent que cela résulte du caractère de continuité qu'on attribue généralement aux servitudes urbaines, tandis que les servitudes rurales seraient presque toujours discontinues.

Mais cette explication ne cadre guère avec l'opinion que nous nous faisions, tant d'une servitude rurale que d'une servitude urbaine. Il ne nous paraît pas possible qu'une servitude d'*iter*, par exemple, qui est discontinue de sa nature, puisse devenir continue, parce qu'elle aura lieu à travers un bâtiment, et qu'elle sera devenue servitude urbaine ; il faudrait alors lui appliquer l'*usucapio libertatis* dans ce cas, et seulement le *non usus* si elle devient, dans un autre cas, une servitude rurale, comme s'appliquant à un champ.

L'explication, au contraire, est très naturelle pour les partisans du système qui classe, parmi les servitudes rurales, celles qui consistent *in faciendo ;* et parmi les servitudes urbaines, celles qui consistent *in habendo* ou *in prohibendo.* Il en résulte bien, en effet, que dans le premier cas, le *non facere,* l'abstention, le non-usage de la part du propriétaire suffit pour prouver qu'il renonce à son droit; au contraire, contre celui qui doit jouir sans exercer un fait personnel, *qui habet,* ou contre celui dont la servitude consiste à *prohibere ne aliquid fiat,* il faut plus qu'une abstention du propriétaire de la servitude ; il faut un acte contraire à cette servitude de la part du *dominus serviens.* L'explication, répétons-le, est décisive ; mais nous avons cherché à prouver plus haut que la classification, qui donne lieu à ce système, n'est admise par aucun texte formel et est même contredite; on peut donc penser que les Romains n'y ont pas songé.

Contentons-nous de dire, après un savant commentateur moderne (M. Machelard, *Examen des distinctions admises en droit romain et français, concernant les servitudes prédiales,* p. 67), qu'il est très difficile, pour ne pas dire impossible, de dégager la règle à adopter pour séparer le domaine du *non usus* de celui qui appartient à l'*usucapio libertatis,* surtout en observant la distinction entre les servitudes rurales et urbaines, qui n'a jamais été établie par les Romains d'une façon claire et précise.

Avant de terminer sur la question du non-usage, disons qu'il a lieu non seulement par l'abstention volontaire du *dominus servitutis*, mais encore quand il n'exerce pas la servitude dans les limites qu'elle comporte (loi 10, § 1, liv. 8, tit. 6) ; que, de plus, si un accident, un cas fortuit vient à l'empêcher d'exercer la servitude pendant le temps légal, elle sera aussi éteinte (loi 34, § 1, liv. 8, tit. 3, et loi 14, pr. liv. 8, tit. 6); mais dans certains cas, il pourra obtenir une *restitutio* du prince (loi 35, liv. 8, tit. 3). Remarquons aussi que si la servitude est exercée, non par le titulaire, mais par un tiers, connaissant le droit qu'il exerce, le non-usage ne pourra être invoqué dans ce cas (lois 5 et 6, pr. lois 20 à 25, liv. 8, tit. 6).

Remarquons enfin que, par une décision spéciale et très équitable, les fonds appartenant à des mineurs, et qui exercent des servitudes sur d'autres fonds, et le fonds dotal d'une femme mariée, lequel fonds est dans la même situation, ne sont pas exposés à voir éteindre les servitudes qu'ils possèdent, si leur propriétaire n'en exerce pas l'usage pendant deux ans (loi 10, pr. Dig. liv. 8, tit. 6, et lois 5 et 6, liv. 23, tit. 5).

La durée de deux années appliquée au non-usage fut modifiée par Justinien, qui l'augmenta considérablement, et la recula jusqu'à dix ans entre présents, et vingt ans entre absents (loi 13, Cod. liv. 3, tit. 34).

Ce sont les mêmes délais que ceux de la *longi temporis præscriptio*, tout comme l'ancien délai de deux ans se rapportait entièrement à celui de l'usucapion.

Mais Justinien ne changea rien à la distinction entre les servitudes urbaines et rurales, et tandis que le non-usage pendant le nouvel espace de temps suffisait pour les dernières, il fallut toujours, pour les servitudes urbaines, l'*usucapio libertatis*, établissant un état contraire à celui de la servitude pesant sur un fonds au profit d'un autre.

ANCIEN DROIT

ANCIEN DROIT

Des servitudes par le fait de l'homme.

Comme introduction à notre étude sur les servitudes établies par le fait de l'homme, en droit français, cherchons quelles étaient les règles qui présidaient à la création et à l'extinction de ces servitudes dans l'ancien droit, et surtout au moment où les coutumes commençaient à se fixer.

Et d'abord, quels étaient alors les modes de constitution des servitudes créées par l'homme ?

Il y en avait quatre principaux :

1° Les jugements et décrets.

Dans une action en partage d'une succession ou d'une société, le juge, s'il ne pouvait établir autrement l'égalité entre les parties, grevait, par exemple, d'une servitude un fonds compris dans le lot le plus important, au profit d'un autre fonds faisant partie d'un lot moins favorisé.

Le décret était considéré par quelques auteurs comme transférant la propriété ; il en résulte que si une saisie réelle contenait la mention de l'existence d'une servitude sur le fonds saisi, si le propriétaire ne le niait pas, l'adjudicataire, d'après ces auteurs, exerçait la servitude en vertu du décret; d'après d'autres, comme Ferrière, il ne pouvait que prescrire par dix ans entre présents et vingt ans entre absents; enfin, d'après la majorité des jurisconsultes, le décret ne constituait pas un titre capable de faire acquérir une servitude, soit par lui-même, soit par une longue possession; les articles 186 de la coutume de Paris et 225 de la coutume d'Orléans disent formellement qu'il ne peut y avoir de servitude sans titre.

2° Disposition par acte entre vifs ou par testament.

Elle était valable, pourvu que le fonds servant fût clairement désigné, ainsi que l'espèce de servitude à laquelle il serait soumis; on ne veut pas rester dans l'incertitude sur ces deux points.

Les coutumes de Paris, article 215; d'Orléans, article 227, ainsi que d'autres coutumes le disent positivement : « Et les faut nommément et spécialement déclarer, tant » pour l'endroit, grandeur, hauteur, mesure, qu'espèce de » servitude; autrement, toutes constitutions générales de » servitudes, sans les déclarer comme dessus, ne valent. »

Certains auteurs faisaient, en outre, une distinction : ils appliquaient bien les termes rigoureux des coutumes de Paris et d'Orléans, aux servitudes non apparentes, mais les trouvaient inutiles quant aux servitudes apparentes.

Un arrêt du Parlement du 29 mars 1760, dans une affaire où il s'agissait de la vente sans réserves d'un fonds, jouissant cependant de servitudes sur d'autres fonds, permit à l'acheteur trompé par le vendeur, qui n'avait pas désigné, intentionnellement ou non, dans l'acte de vente lesdites servitudes, permit, dis-je, à l'acheteur de faire *rescinder* la vente pour cause de dol, s'il ne pouvait arriver à jouir de ces servitudes.

3° Destination du père de famille.

C'était, comme aujourd'hui, l'acte par lequel le propriétaire de deux héritages établit entre eux un état de choses qui constituerait une servitude, s'ils appartenaient à des maîtres différents.

Disons de suite que les pays de droit écrit n'admettaient pas, à l'instar des Romains, ce mode de création d'une servitude; cependant ils avaient fini par l'admettre peu de temps avant 1789.

Quant aux pays de coutumes, ils comprenaient la destination du père de famille de plusieurs manières; mais on peut les réduire à trois principales :

A. Les unes exigeaient qu'elle fût prouvée par écrit. Parmi elles, se trouvaient les coutumes de Paris, d'Orléans, de Calais, de Metz.

L'article 216 de la coutume de Paris est, en effet, ainsi conçu : *Destination du père de famille vaut titre, quand elle est ou a été par écrit, et non autrement.*

Des auteurs, parmi lesquels Goupy, Duplessis, Ferrière sur la coutume de Paris, entendaient l'article 216 dans le même sens que l'article 215, et voulaient que l'espèce et la forme de la servitude fût spécialement et nommément déclarée; mais Pothier, sur les articles 227 et 228 de la coutume d'Orléans, qui sont conçus dans les mêmes termes que ceux de la coutume de Paris, enseignait que l'article 228 contenait une exception à l'article 227.

Les coutumes ne posent que l'obligation d'être apparentes, pour les servitudes constituées par la destination du père de famille. On n'exige pas qu'elles soient continues; on ne distinguait pas alors d'une façon nette et claire la continuité de l'apparence. (Lalaure, *des servitudes*, liv. 1, chap. 1.)

B. D'autres coutumes n'exigeaient pas de preuve par écrit, mais n'admettaient la destination du père de famille comme créatrice des servitudes, qu'en cas de partage. Telles étaient les coutumes de Normandie (art. 609), de Lodunois (chap. 12, art. 1) et de Touraine (art. 212). Dans tous autres cas d'aliénation, la destination du père de famille ne produisait aucun effet.

C. Enfin, il y avait des coutumes qui l'admettaient dans tous les cas et sans preuve par écrit.

Ainsi, les coutumes de Dourdan (art. 72), d'Etampes (art. 73), de Melun (art. 189), de Montfort-l'Amaury (art. 84), de Reims (art. 350), de Sedan (art. 379):

Ces coutumes s'appuyaient sur l'article 91 de l'ancienne coutume de Paris, qui disait que : *destination du père de famille vaut titre.*

On agita la question de savoir si l'article 216 de la nouvelle coutume de Paris ne devait pas être appliqué dans l'espèce, d'autant plus que des ordonnances avaient paru pour prohiber totalement ou presque totalement la preuve par témoins.

Les auteurs du temps, tels que Champy, Lamy, Thourette, Buridan, etc., s'y opposèrent absolument.

Vint l'ordonnance de Moulins de 1566, qui n'admit la preuve testimoniale que jusqu'à cent livres.

Pothier proposa une solution, en faisant la distinction suivante : s'il s'agissait de prouver que l'ancien propriétaire des deux héritages avait créé la servitude, il ne fallait que la preuve testimoniale ; mais pour donner la preuve par témoins, que les deux héritages dominant et servant avaient appartenu au même propriétaire, il fallait préalablement une preuve écrite, ou un commencement de preuve par écrit.

4° La prescription.

Ce mode d'établissement des servitudes, qui nous venait du droit romain, n'avait pas cours partout en France ; si certaines coutumes l'admettaient pour toutes les servitudes, d'autres le restreignaient à certaines, d'autres enfin, ou le rejetaient complètement, ou n'en faisaient même pas mention.

Les mêmes diversités d'opinion existaient aussi quant à la durée nécessaire de la possession pour arriver à la prescription. Certaines coutumes voulaient que cette possession fût immémoriale (celles de Douai, d'Orchies par exemple) ; d'autres l'exigeaient pendant dix à vingt ans ; certaines voulaient qu'elle allât jusqu'à trente, quarante ans, et même jusqu'à cent ans (coutumes d'Artois, du Boulonnais, de la Gorgue, de Saint-Omer, de Valenciennes, d'Auvergne, de Béarn, etc.).

Les coutumes de Paris et d'Orléans, qui étaient les plus importantes du royaume, avaient adopté la maxime : *Nulle servitude sans titre*, en s'inspirant probablement du grand Coutumier de Charles VI, qui contenait déjà ce principe.

L'ancienne coutume de Paris (art. 186) le reproduisit en ces termes : « Droit de jouissance ne s'acquiert par » longue jouissance, quelle qu'elle soit, sans titre. »

Dumoulin, commentant ce texte, prétendit que s'il excluait la possession de dix, vingt, trente ou quarante années, elle n'était pas un obstacle à la possession centenaire, qui, disait-il, *non tam est præscriptio quàm titulus*, et, en conséquence, n'était soumise à aucune loi prohibitive.

Mais vint la nouvelle coutume de Paris, qui, dans son article 182, contint l'addition suivante à la formule de l'ancienne coutume : *encore qu'on en ait joui par cent ans*, ce qui mettait à néant la doctrine de Dumoulin.

La coutume d'Orléans, dans son article 225, s'exprime ainsi : « Vues, égoûts, et tous autres droits de servitudes » ne portent saisine à celui qui les a, s'il n'a titre valable : » et sans titre valable, ne les peut prescrire par quelque » temps que ce soit. »

La même question que celle que soulevait Dumoulin, se présentait ici ; la possession immémoriale, au moins centenaire, était-elle l'équivalent d'un titre, et en produisait-elle les effets ?

Pothier faisait une distinction. Si la jouissance de la servitude a commencé pour un tiers à titre de complaisance de la part du propriétaire du fonds, la possession centenaire et même immémoriale n'aura aucune valeur ; car *nemo sibi potest mutare causam possessionis*, et ici la *causa* est précaire. Si, au contraire, c'est la négligence du propriétaire du fonds qui a permis à l'usurpateur de jouir de la servitude pendant cent ans et plus, on peut supposer qu'il l'a acquise en vertu d'un titre ; car, autrement, comment comprendre l'inaction du propriétaire ?

Cependant Pothier revint plus tard sur cette distinction bien arbitraire en face du texte de la coutume d'Orléans, et rapportant un arrêt du 11 février 1658 sur la question, il ajoutait : « Néanmoins il faut convenir que la question » souffre difficulté, la jurisprudence inclinant beaucoup » aujourd'hui à rapprocher les autres coutumes de celle » de Paris. » (*Traité de la Prescription*, n° 287.) Lalaure, Brodeau et Ferrière étaient de cet avis.

Certaines coutumes (Lille, Limoges, Sedan, Tournay) admettaient, à défaut de titre, une preuve qui put y suppléer : « S'il n'est fondé de juste titre, disaient-elles,

» dont il est tenu de faire apparoir dûment par lettres » passées devant lesdits échevins, ou autrement suffisam- » ment. »

De plus, trois exceptions à la règle : *Nulle servitude sans titre*, étaient admises par plusieurs grandes coutumes :

1° Au cas où un propriétaire faisait sur le fonds de son voisin des ouvrages apparents, tendant à permettre l'écoulement des eaux de ce voisin par son fonds, il pouvait acquérir par prescription le droit de recevoir ces eaux (Dumoulin, Ferrière, Coquille avaient fait admettre ce principe);

2° J'acquiers, mais d'un *non-dominus*, un droit de servitude sur l'héritage qu'il détient; je suis, bien entendu, de bonne foi, en ce sens que je pense qu'il est propriétaire de cet héritage. Je n'acquerrai pas la servitude par titre, puisque celui qui m'en transmet la jouissance, n'est pas *dominus*; mais comme mon droit ne consiste pas en une pure tolérance de sa part, qu'au contraire il a consenti à me le transmettre, j'aurai la *causa usucapiendi*, et si j'use du droit de servitude pendant trente ans, je l'acquerrai par prescription;

3° J'avais une servitude sur le fonds voisin; elle est éteinte par un mode régulier; puis, je continue à l'exercer comme s'il ne s'était passé rien de nouveau, et sans réclamation de celui au profit de qui elle était éteinte. On admettait, dans ce cas, qu'au bout de trente ans de la nouvelle jouissance, la servitude revivait; on justifiait ce résultat, en disant que l'ancienne servitude provenant d'un titre, et la nouvelle n'étant que la suite de l'ancienne, cette nouvelle procédait aussi du même titre.

Remarquons, enfin, que certaines coutumes, telles que

celles d'Angoulême et de La Rochelle, admettaient qu'on pût acquérir une servitude continue et apparente, dont l'espèce sera suffisamment énoncée dans l'acte qui la constitue, pourvu que la possession en ait été paisible et centenaire; c'était, comme l'expliquaient Pothier, Denizart et autres commentateurs, l'application de la maxime : *In antiquis enuntiativa probant.*

Passons maintenant aux modes d'extinction des servitudes dans l'ancien droit.

Il y en avait quatre :

1° La perte du fonds dominant ou du fonds servant; mais il fallait qu'elle fût totale. Si, en effet, un simple obstacle de fait venait empêcher l'exercice de la servitude, et qu'il vînt à disparaître avant qu'un tiers pût invoquer à son profit le non-usage, le droit de servitude ne souffrait en rien de cette interruption de jouissance. (Pothier, Domat.)

2° Le décret.

Ce mode d'extinction nous vient de la loi 23, § 2, au Dig. liv. 8, tit. 3, qui, supposant la vente sur saisie (*publicatio*) d'un immeuble, déclare que la servitude dont il jouissait passera à l'adjudicataire.

Mais un édit de 1551 sur les criées, article 12, établit, dans ce cas, la purge forcée des servitudes non apparentes, à moins qu'une clause particulière ne prouvât leur existence. Quant aux servitudes apparentes, que l'acquéreur a pu et dû connaître, elles continuaient à subsister; c'est ce qu'avait décidé un arrêt de règlement du 6 mai 1587.

3° La confusion.

Si cependant le *dominus* des deux fonds dominant et servant maintenait entre eux la servitude telle qu'elle existait auparavant, cette servitude, pourvu qu'elle fût apparente, revivait par la destination du père de famille.

4° La prescription par suite du non-usage.

L'article 186 de la coutume de Paris, corroborée par l'article 226 de la coutume d'Orléans, dit que « la liberté » se peut réacquérir contre le titre de servitude, par trente » ans, entre âgés et non privilégiés. » Les *âgés* veulent dire les *majeurs;* on voit qu'il y a une exception pour les privilégiés. Pothier dit, en effet, dans son commentaire de l'article 226 de la coutume d'Orléans, que s'il y a un mineur et un majeur unis dans le même intérêt, le mineur relève le majeur, c'est-à-dire le défend contre toute prescription en tant qu'il y est aussi intéressé, puisqu'elle ne courait pas contre les mineurs.

Remarquons que, dans les pays de droit écrit, il fallait, pour éteindre les servitudes urbaines, un acte contraire à la servitude; tandis que le non-usage suffisait pour les servitudes rurales.

Dans les pays de coutumes au contraire, et notamment à Paris (art. 186 précité), on ne distinguait pas entre les deux sortes de servitudes, et le non-usage de trente ans suffisait toujours pour la prescription des servitudes.

DROIT FRANÇAIS

DROIT FRANÇAIS

Des servitudes établies par le fait de l'homme.

(Art. 686 à 710, Code civil.)

Nous avons vu, dans notre étude des servitudes prédiales en droit romain, de quelle utilité de tous les jours elles étaient tant pour les besoins de l'agriculture que pour ceux des villes, quoique l'idée de la propriété libre, pleine et entière ait toujours paru aux Romains une idée nécessaire, primordiale; ils sentaient que si parfois cette propriété devait supporter des charges, des droits réels, cela résultait infailliblement des rapports de voisinage qui doivent exister entre les hommes, lesquels rapports, par suite de la force des choses, exigeront souvent une gêne de la part d'un héritage vis-à-vis d'un autre ; je ne parle pas, en outre, des rapports volontaires qui pourront se créer pour l'utilité commune et l'avantage du plus grand nombre. Il en est de même chez nous.

Nous nous proposons de diviser notre matière en six chapitres, qui traiteront :

Le premier, des caractères des servitudes établies par le fait de l'homme;

Le deuxième, de leurs modes de constitution;

Le troisième, de la manière dont on les exercera;

Le quatrième, des modes d'extinction;

Le cinquième, des actions auxquelles elles donneront lieu;

Le sixième, de la transcription en matière de servitude.

CHAPITRE I

Caractères des servitudes établies par le fait de l'homme.

Avant d'entrer en matière, proposons-nous de donner, en quelques mots, la définition de la servitude (ou service foncier, comme l'appelle encore notre Code, pour la distinguer de l'usufruit, de l'usage et de l'habitation, que le droit romain appelait : servitudes personnelles).

L'article 637 définit la servitude : « Une charge imposée » sur un héritage pour l'usage et l'utilité d'un héritage » appartenant à un autre propriétaire. » Cette définition est incomplète, en ce sens que l'article ne mentionne pas, en outre, que la servitude constitue *un droit réel, un démembrement de la propriété.*

L'article 638, qui suit, nous dit que « la servitude » n'établit aucune prééminence d'un héritage sur un » autre. » En somme, il n'ajoute rien à l'article 637; il a été écrit pour établir un empêchement à tout assujettissement entaché de féodalité, comme il y en avait beaucoup avant 1789.

SECTION I

Caractères essentiels des servitudes.

Ces caractères se trouvent dériver de la définition, déjà vue, de l'article 637, et aussi de l'article 686, qui est ainsi conçu : « Il est permis aux propriétaires d'établir » sur leurs propriétés, ou en faveur de ces propriétés, » telles servitudes que bon leur semble, pourvu néan- » moins que les services établis ne soient imposés ni à la » personne, ni en faveur de la personne, mais seulement » à un fonds et pour un fonds, et pourvu que ces services » n'aient d'ailleurs rien de contraire à l'ordre public. »

A la différence des servitudes naturelles et légales qui s'imposent par la force des choses ou par la volonté de la loi, les servitudes visées par l'article précité dérivent de la volonté expresse ou tacite du propriétaire : ce sont les véritables servitudes, dans le sens du mot. L'état naturel de la propriété, c'est d'être libre, pleine et entière; quand donc on impose à un héritage un droit réel et spécial au profit d'un autre héritage, le premier s'est amoindri par le fait; le second a d'autant grandi en valeur par suite de cet amoindrissement; le premier est vraiment servant du second; on appellera ce dernier : fonds dominant.

Le propriétaire pourra ainsi consentir sur son héritage *telles servitudes que bon lui semblera*, pourvu qu'il observe les conditions posées par l'article 686. Il en résulte que, à la différence des servitudes légales et naturelles dont le nombre est limité, les servitudes par le fait de l'homme sont innombrables.

Examinons maintenant les conditions exigées par les articles 637 et 686, afin d'établir les caractères essentiels à une servitude.

D'après ces articles :

1° La servitude est une charge, passive en tant qu'elle diminue la valeur de l'héritage grevé, active quant au fonds dominant, charge qui n'est qu'un accessoire du fonds pour lequel on l'a constituée. L'article 526 du Code civil les considère comme immeubles par l'objet auquel elles s'appliquent.

A la différence de l'usufruit, qui peut être séparé du fonds sur lequel il est établi, soit par aliénation, soit sous forme d'hypothèque, comme ayant une individualité propre, la servitude, ou service foncier, ne peut se concevoir détachée du fonds qui la doit et auquel elle est due; elle en fait partie intégrante. Il en résulte qu'on ne peut ni la vendre ni l'hypothéquer ni la louer séparément de ce fonds.

Prenons garde d'établir une confusion entre une servitude et le droit de propriété exclusif ou divis; il y a, en effet, trois différences importantes :

A. Si on peut acquérir la propriété par la prescription, toutes les servitudes ne s'acquièrent pas par ce moyen; l'article 690 ne le permet que pour les servitudes continues et apparentes;

B. La propriété, nous dit l'article 544, est le droit de jouir et de disposer des choses de la manière la plus absolue, pourvu qu'on n'en fasse pas un usage prohibé par les lois ou les règlements; au contraire, l'article 702 nous dit que celui qui a un droit de servitude ne peut en user que suivant son titre; il ne peut, à sa volonté, aggraver la condition du fonds servant.

C. La propriété ne se perd, pour son maître, que si un tiers acquiert la possession, et la continue ainsi pendant trente ans; sinon, l'inaction du maître ne lui enlèvera pas cette propriété. Au contraire, le non-usage d'une servitude pendant le même temps suffit pour l'éteindre (art. 706).

Le point de distinction entre l'usage d'une chose à titre

de servitude, et l'usage d'une chose à titre de propriété est quelquefois imperceptible.

Supposons qu'un individu passe depuis trente ans sur un héritage. Ce droit de passage est une servitude discontinue, donc imprescriptible; il ne peut donc l'invoquer en sa faveur. Mais il prétend avoir un droit de propriété sur le terrain parcouru; peut-il obtenir ce droit? S'il y a fait des actes de possession *animo domini*, bien caractérisés, comme d'établir une chaussée empierrée sur tout le passage, et qu'elle ait existé pendant trente ans sans réclamation du propriétaire, il pourra prescrire; sinon, non, puisque nous venons de dire qu'on ne peut prescrire contre une servitude discontinue (Cassat. 17 déc. 1862, Devilleneuve, 63-1-77).

2° La servitude existe en faveur d'un héritage, et à la charge d'un héritage appartenant à un autre propriétaire : les propriétaires des deux héritages doivent être différents.

S'il en était autrement, il n'y aurait pas de servitude par suite de la règle : *Nemini res sua servit ;* à moins toutefois que le *dominus* des deux fonds n'établisse une servitude de l'un sur l'autre, ce qui constituerait alors la destination du père de famille.

Il faut, de plus, qu'il y ait deux fonds, l'un dominant, l'autre servant. Est-il nécessaire qu'ils soient contigus? Cela n'est pas indispensable ; il faut qu'ils soient assez rapprochés pour que l'exercice de la servitude soit possible ; ils doivent être voisins ; la question de proximité suffisante est à apprécier.

Remarquons que si l'article 687 prohibe toute charge imposée à la personne, ce n'est qu'en tant que cette charge s'appellerait servitude et jouirait de toutes les prérogatives attachées aux servitudes, telles que leur perpétuité et leur passage de main en main, en même temps que le fonds auquel elles sont attachées. Il en résulte que l'on peut engager ses services, pendant un certain temps, vis-à-vis d'un tiers, en vue de l'avantage de son fonds : promettre, par exemple, qu'on le labourera, qu'on l'arrosera, etc. (art. 1780) ; ce contrat sera dissous par la mort du promettant (art. 1795). De même, je puis accorder à un tiers une charge réelle sur mon fonds, telle qu'un usufruit, ou un droit de passage, de puisage ; ce droit sera réel, en ce sens que le tiers qui en est pourvu pourra l'exiger de tous les détenteurs successifs du fonds; mais il lui sera essentiellement personnel, en ce que, si lui, concessionnaire, vient à décéder, ses héritiers n'en seront pas tenus; la charge réelle était due, en effet, non pas à tel ou tel fonds, mais à une personne déterminée.

3° La servitude est due par un immeuble à un immeuble; elle sera foncière, prédiale; elle ne peut exister ni en faveur du propriétaire du fonds dominant, ni contre le propriétaire du fonds servant.

Elle ne peut exister contre celui-ci; car elle existerait alors à titre de corvée, et c'est ce que le Code a voulu empêcher. Il est certain qu'un propriétaire d'héritage ne peut s'obliger, sous forme de servitude, lui et ses héritiers, à perpétuité, à faire tel ou tel ouvrage au profit du fonds dominant; la nature de la servitude est, en effet, l'état de passivité ; elle ne consiste pas en un fait de la part du propriétaire du fonds servant; rappelons-nous le texte fondamental de Pomponius sur ce point : *Servitutum non ea natura est ut aliquid faciat quis, sed ut aliquid patiatur vel non faciat* (loi 15, § 1, Dig. *de servit;* voir aussi l'article 698).

Il semble que l'article 699 apporte une dérogation à ce

principe essentiel des servitudes, en permettant de mettre, par titre, à la charge du propriétaire du fonds servant, les ouvrages nécessaires pour l'usage ou la conservation de la servitude. Comment concilier le principe de l'article 699 avec celui de l'article 686 ?

On fait remarquer que cette obligation, imposée au propriétaire asservi, suppose établie une servitude préalable qui, elle, ne consiste pas dans les ouvrages à faire. Cette première servitude est imposée à l'héritage, et pour en procurer l'exercice, le propriétaire doit exécuter certains ouvrages, mais toujours en dehors de la servitude principale. De plus, si ledit propriétaire ne veut pas se charger de ces ouvrages, il peut toujours faire la *derelictio*, l'abandon de son fonds au propriétaire du fonds dominant.

Après avoir démontré que la servitude existe contre le fonds, et non contre la personne qui le détient, disons aussi qu'elle n'existe qu'au profit du fonds dominant, et non pas de son propriétaire.

Pourra-t-on toujours bien distinguer ces deux points de vue, et savoir si c'est plutôt le fonds à qui servira la servitude, ou si ce n'est plutôt au propriétaire qu'elle sera utile ? Ce sera une question de fait à examiner.

Prenons des exemples :

Supposons une servitude consistant à puiser de l'eau dans le fonds voisin pour l'utilité de ma propriété ; voilà vraiment une servitude dans le sens du mot. Supposez, au contraire, que cette eau serve à me procurer de l'agrément, en me donnant un jet puissant et élevé au milieu de mon jardin ; le fonds en aura-t-il retiré une utilité ? N'est-ce pas plutôt la mienne qui sera en jeu ? Dans ce cas, il n'y aura vraiment pas servitude, mais une obligation personnelle du fonds voisin envers moi.

Il en est de même d'un droit de chasse sur le terrain d'autrui, voisin du mien; c'est pour moi un plaisir personnel; il n'a pas augmenté la valeur de mon fonds, quoi qu'en disent quelques auteurs qui voient dans le droit de chasse une servitude; si mon fonds, augmenté de ce droit de chasse, se vend plus cher, ce n'est pas par l'accroissement de valeur dudit fonds; mais c'est parce qu'on vend quelque chose avec. Remarquons, de plus, qu'avec le système contraire, on arriverait à renouveler une des charges les plus lourdes du système féodal, ce que notre Code n'a jamais voulu. (M. de Folleville, à son cours.)

Concluons de tout ceci que, pour qu'il y ait servitude véritable, il faut examiner uniquement la question de savoir si le fonds dominant s'est amélioré, a pris plus de valeur en s'annexant la servitude; si non, c'est l'intérêt du propriétaire dominant qui l'emporte, et alors il ne peut plus être question d'une servitude.

4° La servitude est, de sa nature, indivisible, c'est-à-dire qu'elle existe sur toutes et sur chacune des parties du fonds servant, au profit de toutes et de chacune des parties du fonds dominant.

En d'autres termes, on ne peut comprendre qu'une servitude puisse se décomposer en parts indivises, ou exister au profit ou à la charge d'une part indivise.

Nous en trouvons deux exemples bien saillants dans les articles 709 et 710; l'article 709 nous dit, en effet : « Si » l'héritage, en faveur duquel la servitude est établie, » appartient à plusieurs par indivis, la jouissance de l'un » empêche la prescription à l'égard de tous. » L'article 710 ajoute : « Si parmi les copropriétaires il s'en trouve un » contre lequel la prescription n'ait pu courir, comme un » mineur, il aura conservé le droit de tous les autres. »

Dumoulin, dans son traité *De dividuo et individuo*, a voulu prouver la divisibilité des servitudes; il lui a été impossible d'y arriver.

L'indivisibilité est de l'essence de la servitude, et rien au monde ne pourra détruire ce caractère essentiel.

Mais faisons deux remarques, qui ne détruisent pas le principe que nous venons de poser :

1° Si on comprend bien cette indivisibilité en elle-même, on comprendra aussi que l'exercice de la servitude peut être limité sous le rapport du lieu, du temps, du mode (art. 708), qu'il est donc divisible. Ainsi, le titre de ma servitude me donne droit à tant de mesures d'eau; si pendant trente ans je n'en prends que la moitié, j'aurai perdu mon droit à l'autre moitié; il en résulte que j'ai toujours un droit de servitude, mais qu'il sera restreint par suite de mon fait volontaire.

2° La servitude, qui est indivisible tant que le fonds est indivis, se divise quand le fonds se partage, et elle appartient, par portions distinctes, à chaque propriétaire.

Il peut arriver que l'un d'eux perde la servitude qui lui appartient, par suite du non-usage, tandis que l'autre ou les autres la garderont, parce qu'ils l'exerceront d'une façon constante (art. 706). Si, au contraire, ils avaient été copropriétaires indivis, la jouissance de l'un aurait conservé la jouissance de l'autre (art. 709).

Ici, il n'y a pas un partage du fonds commun, par conséquent la servitude reste indivise et indivisible comme le fonds; si, au contraire, on sépare le fonds en plusieurs lots bien distincts, c'est alors que chaque lot aura comme annexe une portion correspondante de la servitude.

Notre Code a-t-il reproduit la théorie romaine sur la *causa perpetua*? Non, il ne l'a pas fait, à cause de la subtilité du principe. Il consistait, en effet, à n'admettre la servitude que si le fonds servant pouvait satisfaire aux exigences du fonds dominant et sans discontinuation. En vertu de ce principe, on rejetait la prise d'eau dans un étang, dans un puits, dans une citerne, parce que, ne contenant pas d'eau vive, mais seulement des eaux stagnantes ou susceptibles de se dessécher et de se tarir, elle ne garantissait pas pour assez de temps l'exercice de la servitude. Au contraire, la prise d'eau dans une rivière, qui se renouvelle constamment dans une source d'eau vive, avait, au suprême degré, la qualité exigée pour qu'il y eût *perpetua causa.*

Mais si la loi française rejette ce principe, elle admet, au contraire, et exige même la perpétuité de la durée; mais cette perpétuité n'est pas de l'essence des servitudes; elle est seulement dans leur nature. On peut donc y déroger par des conventions particulières, leur apposer un terme, une condition, en un mot, toutes les modalités compatibles avec l'ordre public (art. 686.)

Appendice. — L'article 686 suppose qu'on établit une servitude sur le fonds d'un particulier; il faudra en dire de même quant au domaine privé de l'Etat et des communes.

Mais un fonds affecté au domaine public de l'Etat et des communes, pourrait-il être soumis à une servitude?

Non, dirons-nous, si elle est contraire à l'intérêt général des citoyens, car cet intérêt général rend inaliénables et imprescriptibles les immeubles qui en sont la cause; il en résulte que, par exemple, les riverains d'une rue, d'une place, d'une promenade public, ne pourront acquérir le droit d'avoir sur cette rue ou place, des bancs, escaliers, bornes, balcons, caves et conduits souterrains, ni avoir la mitoyenneté du mur d'une église ou d'une prison (c'est, du reste, le principe de l'alignement), et cela, pour ne pas gêner ni entraver le passage et la circulation dans ces rues, places, etc., et nuire à l'ornement de la ville.

Mais nous répondrons affirmativement, quant aux ouvrages établis sur les rues, places, etc., conformément à l'intérêt général de la ville, tels que des portes, des fenêtres, des égoûts, etc. L'administration doit-elle respecter ces ouvrages? Nous pensons que oui, car elle a tout intérêt, par exemple, à ce qu'une maison ait des ouvertures sur une rue; c'est un embellissement de cette rue, et les villes engagent même les particuliers à le faire.

SECTION II

Caractères accidentels des servitudes.

Ces caractères, spéciaux à telles ou telles servitudes, sont visées par les articles 687 à 689 inclusivement. Ces articles divisent les servitudes en :

1° Urbaines ou rurales;

2° Continues ou discontinues;

3° Apparentes ou non apparentes.

Ajoutons, avec les interprètes, une quatrième division, non indiquée par le Code, mais des plus certaines :

4° Affirmatives ou négatives.

§ I.

Servitudes urbaines ou rurales.

L'article 687 s'exprime ainsi : « Les servitudes sont établies ou pour l'usage des bâtiments, ou pour celui des

» fonds de terre. — Celles de la première espèce s'appellent » urbaines, soit que les bâtiments auxquels elles sont » dues soient situés à la ville ou à la campagne. — Celles » de la seconde espèce se nomment rurales. »

Cette distinction des servitudes en urbaines et rurales, distinction qui nous vient des Romains, n'a chez nous aucune utilité.

Elle n'a aucune utilité, puisque l'on ne fait plus de distinction, quant aux modes de constitution, entre les servitudes urbaines et les servitudes rurales; en effet, la théorie de la *mancipatio* n'existe plus chez nous.

§ II.

Servitudes continues ou discontinues.

L'article 688 s'exprime ainsi : « Les servitudes sont » continues ou discontinues. — Les servitudes continues » sont celles dont l'usage est ou peut être continuel, sans » avoir besoin du fait actuel de l'homme : tels sont les » conduits d'eau, les égoûts, les vues et autres de cette » espèce. — Les servitudes discontinues sont celles qui » ont besoin du fait actuel de l'homme pour être exercées : » tels sont les droits de passage, puisage, pacage, et » autres semblables. »

Cette distinction a sa valeur; car les modes d'acquisition et d'extinction des servitudes varieront suivant qu'elles seront continues ou discontinues (art. 690, 691, 692 et 707), ainsi que les actions auxquelles elles donneront lieu.

Remarquons que, pour les servitudes continues, l'inaction de l'homme ne les empêche pas d'être en exercice ; il suffit que l'usage en soit continuel, ou qu'il puisse l'être. C'est ainsi que la servitude d'égoût des eaux pluviales est une servitude continue, quoique la pluie ne tombe pas toujours; elle pourra être, pendant un certain temps, d'un usage continuel, si la pluie vient à tomber pendant plusieurs jours, par exemple; mais les intermittences ne nuiront en rien à son exercice.

Les mots : *sans le fait actuel de l'homme* ont soulevé une difficulté.

Un propriétaire a stipulé une prise d'eau à une source; mais il n'obtient pas ce droit d'une manière permanente, et ne peut en prendre que tous les deux jours, au moyen d'une vanne établie à cet effet : y a-t-il là une servitude continue?

Certains auteurs ont soutenu la négative pour deux motifs; le premier, c'est que l'exercice de la servitude n'est pas continu, puisqu'elle ne s'exerce que tous les deux jours, tous les huit jours, par exemple; le second, c'est qu'une servitude n'est continue que si elle s'exerce sans le fait actuel de l'homme, et dans l'espèce, il faut qu'il y mette la main pour lever la vanne, à la différence des eaux pluviales, qui coulent toutes seules.

Ces deux arguments ne nous arrêtent pas, et nous allons le prouver.

1° Le premier ne prouve rien, car il suffit que la servitude puisse s'exercer toute seule; il n'est pas nécessaire qu'elle s'exerce sans interruption.

2° L'exercice de la servitude consiste dans l'écoulement de l'eau; il est bien vrai qu'il faut que l'homme ouvre la vanne, qu'il y ait un fait de sa part; mais, la vanne ouverte, l'écoulement de l'eau a lieu tout naturellement, sans le fait permanent et actuel de l'homme; car si ce fait était permanent et actuel, la servitude serait discontinue.

3° On a comparé à tort cette servitude au droit de passage : celui-ci ne peut s'exercer sans le fait continu de l'homme, qui doit toujours passer, pour que cette servitude s'exerce. De même, le droit de puisage est discontinu, car il ne s'exerce que si l'homme va puiser de l'eau. Ici, au contraire, l'homme n'a plus besoin d'agir, dès que la vanne est levée ; la servitude s'exercera naturellement ; elle est donc continue.

Quid, de la servitude d'évier, ou écoulement des eaux ménagères ? *Quid*, aussi, de l'égoût des eaux industrielles ?

La jurisprudence est d'avis que ce sont des servitudes discontinues ; car, dit-elle, elles exigent le fait permanent et toujours renouvelé de l'homme ; donc elles ne réunissent pas les conditions exigées par l'article 688, qui suppose que ce fait n'existe pas. Il est certain, dit-on, que l'évier, que l'égoût des eaux industrielles ne sert à l'écoulement des eaux ménagères, des eaux industrielles, qu'autant qu'elles sont jetées par le fait de l'homme — (Aix, 31 janvier 1838 (Dev. 38-2-918) ; (Bordeaux, 31 août 1866 (Dev. 67-2-136). — Cassat. 19 juin 1865. Dev. 1865-1-337).

Les auteurs pensent, au contraire, que ces deux servitudes sont continues, par trois motifs :

1° L'article 688 range les égoûts sans distinction parmi les servitudes continues ; donc les égoûts des eaux ménagères et industrielles y sont compris ;

2° Si, en effet, l'écoulement de ces eaux ne se produit qu'autant que la main de l'homme les jette, il faut nécessairement ce fait de sa part pour que la servitude naisse et renaisse ; ce n'est pas là l'exercice proprement dit de la servitude, attendu que l'évier ayant une inclinaison naturelle, de même le passage des eaux industrielles, leur écoulement est aussi tout naturel, et a lieu sans le fait de l'homme;

3° Si on admettait la doctrine opposée, il faudrait aller jusqu'à dire que la servitude d'évier, ou des eaux industrielles, étant discontinue, est imprescriptible, d'après l'article 691, alinéa 1; or, cela est absurde, rationnellement parlant; car si on peut acquérir par prescription une servitude d'égoût, à plus forte raison pourra-t-on acquérir une servitude d'évier; d'autant plus, ajouterons-nous, qu'il y a dans l'espèce une question de salubrité encore plus importante; les eaux d'évier étant des eaux corrompues et gâtées, et dont la servitude sera bien rarement constituée par titre, attendu qu'elle est des plus gênantes pour le voisin (Cassat. 6 nov. 1871. Dall. *Périod.* 72-1-299), encore moins pourra-t-on invoquer contre lui un acte de pure tolérance (art. 2232).

Disons donc que toutes les servitudes d'égoût sont continues; il en sera de même des servitudes d'aqueduc avec vannes et écluses que l'homme peut lever et abaisser à son gré (Cassat. 6 août 1872, Dev. 73-1-127). — (M. de Folleville, à son cours.)

§ III.

Servitudes apparentes ou non apparentes.

L'article 689 nous dit : « Les servitudes sont *apparentes*, » ou *non apparentes*. Les servitudes apparentes sont celles » qui s'annoncent par des ouvrages extérieurs, telles qu'une » porte, une fenêtre, un aqueduc. Les servitudes non » apparentes sont celles qui n'ont pas de signe extérieur » de leur existence, comme, par exemple, la prohibition

» de bâtir sur un fonds, ou de ne bâtir qu'à une hauteur » déterminée. »

Cette théorie joue un grand rôle dans la manière d'acquérir les servitudes. Certains jurisconsultes ont voulu confondre les servitudes continues avec les servitudes apparentes. Si dans le mur d'une propriété on a percé une porte, et qu'il en parte un chemin allant retrouver la voie publique, en traversant un fonds voisin, dira-t-on que si le droit de passage est apparent, il est continu?

Oui, nous diront nos adversaires, parce que le chemin et la porte apparaissent toujours.

Non, répondrons-nous, car la servitude de passage ne s'exerce pas toute seule, il lui faut le fait de l'homme; elle sera donc discontinue tout en étant apparente.

Il résulte de tout ceci qu'il n'en est pas de l'apparence ou de la non-apparence, comme de la continuité ou de la discontinuité. Ces seconds caractères d'une servitude sont intrinsèques et invariables; l'apparence ou la non-apparence, au contraire, a sa source dans les conditions extérieures d'après lesquelles s'exerce la servitude.

Par exemple, un droit de puisage est toujours discontinu (art. 688) : il a besoin, pour être exercé, du fait actuel de l'homme; mais il sera, suivant les cas, apparent ou non apparent. Se révèle-t-il par une pompe ou un autre signe extérieur? Il sera apparent; sinon, non.

§ IV.

Servitudes affirmatives ou négatives.

Les servitudes sont *affirmatives*, quand elles autorisent le propriétaire du fonds dominant à un acte quelconque sur le fonds servant : par exemple, les servitudes de passage, de puisage ou de vue ; elles sont *négatives*, quand elles n'obligent le propriétaire du fonds servant qu'à l'abstention : par exemple, les servitudes de ne pas bâtir, ou de ne pas bâtir à une certaine hauteur, le propriétaire du fonds dominant ne peut que constater cette abstention et en profiter.

Cette distinction en servitudes affirmatives et négatives était importante, dans l'ancien droit, quant à l'acquisition et à l'extinction des servitudes.

Ainsi le simple non-usage suffisait, quant aux servitudes affirmatives, pour les éteindre vis-à-vis du propriétaire du fonds dominant, au profit du *dominus serviens* ; au contraire, les servitudes négatives par cela même qu'elles consistaient en une abstention de la part du *dominus serviens*, exigeaient quelque chose de plus pour leur extinction ; il fallait, en effet, que ce *dominus serviens* fit un acte contraire à la servitude, sans réclamation de la part de celui à qui il la devait, et cela pendant un temps déterminé.

Ces différences n'existeraient plus aujourd'hui dans notre Code ; c'est probablement la raison pour laquelle il n'a pas défini cette quatrième classe de servitudes, qui ne serait qu'un souvenir historique (Comp. M. Demol. t. XII, n° 722 *in fine*).

En examinant l'ensemble des caractères accidentels que peut revêtir une servitude, et les diverses combinaisons par lesquelles elle peut passer, nous pouvons distribuer la plupart des servitudes dans quatre classifications :

1° Servitudes continues et apparentes, telles que le *jus prospiciendi* ;

2° Servitudes continues et non apparentes, telles que la servitude *altiùs non tollendi* ;

3° Servitudes apparentes et discontinues, comme le droit de passage au moyen d'une porte ;

4° Servitudes non apparentes et discontinues, comme un droit de passage tel quel ; ou le droit de pacage sur le fonds d'autrui.

CHAPITRE II

Comment s'établissent les servitudes.

L'intitulé de notre chapitre III du Code civil nous le dit d'une façon générale : *Elles s'établissent par le fait de l'homme.*

Deux propriétaires conviennent que le fonds de l'un d'eux supportera un droit de servitude au profit de l'autre.

Il n'y a plus ici ni servitude naturelle, c'est-à-dire établie par la force des choses, ni servitude légale, c'est-à-dire établie pour l'utilité générale, ou celle des particuliers, mais il y a une servitude dérivant de la volonté de deux personnes, et qu'elles peuvent créer à leur gré, pourvu qu'elles ne dérogent pas aux lois existantes.

Cette volonté peut se manifester expressément ou tacitement ; mais elle doit toujours être claire et évidente, car la servitude est un démembrement de la propriété, et nul ne doit être facilement présumé avoir abandonné son droit.

D'une façon particulière, il y a trois modes de constitution d'une servitude :

1° Le titre (art. 690, 691 et 695) ;

2° La prescription (art. 690) ;

3° La destination du père de famille (art. 692 à 694).

La volonté expresse de l'homme se reconnait dans le titre ; au contraire, les deux autres modes de constitution sont tacites.

Cela explique bien pourquoi l'on peut toujours constituer par titre une servitude quelle qu'elle soit ; au contraire, la prescription et la destination du père de famille ne s'appliqueront qu'à certaines servitudes, celles qui feront bien présumer que la volonté du propriétaire, qui s'est ainsi laissé imposer une servitude sur son fonds, a été bien formelle. Quant aux autres servitudes, qui n'exciteront pas autant la défiance du propriétaire, parce qu'elles seront cachées, discrètes, difficiles à remarquer, il faudra qu'il y consente expressément, pour qu'elles aient leur valeur juridique. On ne peut, en effet, dans ce cas, l'accuser de négligence ou de tolérance raisonnée et volontaire vis-à-vis du tiers usurpateur. Nous développerons, du reste, ce principe dans l'article 691.

SECTION I

Etablissement des servitudes par titre.

Ce mode de constitution, nous venons de le dire, est général ; il s'applique, nous disent les articles 690 et 691, à toutes les servitudes, qu'elles soient continues ou discontinues, apparentes ou non apparentes.

Nous nous proposons d'examiner trois questions au sujet du titre :

1° Définition et conditions du titre ;

2° Qui peut consentir la servitude ?

3° Qui peut l'acquérir ?

§ I.

Définition et conditions du titre.

L'article 690 nous dit : « Les servitudes continues et » apparentes s'acquièrent par titre.... »

L'article 691 ajoute : « Les servitudes continues non » apparentes, et les servitudes discontinues apparentes ou » non apparentes ne peuvent s'établir que par titre. »

Enfin l'article 695 dispose que : « Le titre constitutif de » la servitude, à l'égard de celles qui ne peuvent s'acqué- » rir que par la prescription, ne peut être remplacé que » par un titre récognitif de la servitude, et émané du pro- » priétaire du fonds asservi. »

Avant de savoir quelle est la définition du mot *titre*, voyons quel sens il a dans les articles précités.

On sait que le mot titre, dans le langage du droit, a deux sens qu'il faut bien distinguer :

1er *Sens*. — Le titre est la cause productive du droit, c'est le *justus titulus* des Romains ; ils disaient, en effet : *Justus titulus, id est idonea causa ad transferendum dominium*.

2e *Sens*. — Le titre est l'acte écrit qui constate le droit en lui-même ; c'est, en un mot, sa preuve externe. C'est l'*instrumentum* des Romains.

De ces deux sens, lequel appliquerons-nous à l'interprétation des articles 690 et 691 ?

Evidemment, le premier ; car il y a ici transfert d'un droit réel, d'une servitude dans l'espèce, d'un propriétaire à un autre ; le second sens pourra s'ensuivre, mais pas inévitablement.

Du moment où il existe une cause efficiente, originelle d'une servitude, qu'il y ait un écrit, ou non, peu importe. Je conviens, par exemple, avec mon voisin de lui donner telle somme d'argent s'il m'accorde le droit de puiser de l'eau sur son fonds : le titre est valable par le seul fait de la convention, et sans écrit.

Quid, si mon voisin refuse de recevoir l'argent convenu, et refuse en même temps et par là même, de me laisser exercer la servitude, pourrai-je lui déférer le serment?

Si l'on considère le titre, en matière de servitudes, comme un *instrumentum*, comme un moyen de preuve par écrit, c'est une conséquence inévitable de notre droit, que ces sortes de titres ne peuvent s'établir que par écrit, et qu'aucune autre preuve n'est permise, que ce soit la preuve testimoniale, que ce soit la délation du serment. Parmi les partisans de cette opinion, se trouve M. Pardessus, qui a prétendu que, dans les articles 690 et 691, le mot titre est synonyme du mot écrit, et en a le sens. Il ajoute cependant, comme palliatif à sa doctrine : « Mais une » convention pourrait même être présumée par des cir- » constances qui ne laisseraient rien d'équivoque sur la » commune intention des parties. L'écrit est simplement » requis pour la preuve, et par conséquent l'aveu » judiciaire pourrait établir l'existence d'une servitude; » le serment pourrait être déféré à celui qui en conteste » l'existence. On peut donc croire qu'un écrit ne serait » pas indispensable, si l'on payait quelque redevance pour » l'exercice de la servitude, encore qu'elle fût non » apparente et discontinue, parce qu'on en induirait un » consentement exprès de la part de celui qui reçoit la » redevance, et par conséquent une véritable convention. » (M. Pardessus, *Traité des servitudes*, § 269 *in fine*.)

Nous croyons, avec beaucoup d'auteurs et la jurisprudence, que le titre est ici opposé à la prescription et à la destination du père de famille, en général à toutes les causes tacites qui peuvent produire des servitudes, et que, dans tous les cas, dès qu'il y a convention expresse, il y a titre de servitude, qu'il y ait, ou non, un écrit. Le propriétaire du fonds dominant pourra donc déférer le serment à son voisin, pour savoir s'il y a eu, ou non, convention; la preuve testimoniale pourra aussi être admise, sauf l'obligation d'un commencement de preuve par écrit, au-dessus de 150 francs (art. 1341 et 1347).

Il a été ainsi jugé par la Cour de cassation, qui a déclaré que le titre n'est pas suborbonné à un contrat écrit, et qu'il peut être établi par tous les genres de preuves (Cass. 16 déc. 1863, Dev. 64-1-125).

Remarquons que la loi du 23 mars 1855, dans son article 2, § 1, exige la transcription pour tout acte entre-vifs, établissant une servitude; sans transcription, cet acte ne serait pas opposable aux tiers.

§ II.

Qui peut consentir la servitude?

Deux articles du Code civil nous donnent la réponse à cette question. L'article 686 nous dit, en effet : « Il est » permis aux propriétaires d'établir... sur leurs propriétés, » telles servitudes que bon leur semble, etc. » L'article 695 ajoute : « Le titre constitutif de la servitude... ne » peut être remplacé que par un titre récognitif de la » servitude, et émané du propriétaire du fonds asservi. »

Ainsi, ces deux textes nous montrent que, tant pour le titre primordial, constitutif, que pour le titre récognitif, il faut être propriétaire pour les constituer valablement.

Admettrons-nous ici la règle qui avait cours dans l'ancien droit, et qui regardait comme valables les titres anciens, pourvu qu'ils fussent appuyés de la possession de quarante ans? Ainsi, Primus passe, en fait, depuis longtemps, sur le fonds de Secundus. Celui-ci prétend que rien, dans ses titres de propriété, n'établit ce droit au profit de Primus, et s'oppose à son passage.

Primus, alors, exhibe à son tour à Secundus ses titres de propriété, dans lesquels il est dit formellement que son fonds a une servitude de passage sur celui de Primus; il ne fait que continuer le droit qu'ont exercé ses prédécesseurs depuis un temps immémorial; la preuve de ladite servitude est-elle faite?

Non, à notre avis, et pour plusieurs raisons :

1° Le Code dit formellement que les servitudes ne peuvent s'établir que par titre, prescription ou destination du père de famille. Or, dans l'espèce, Primus n'a pas de titre, car qui lui en aurait donné? Est-ce Secundus? non, puisqu'il n'a consenti aucune servitude à Primus. Primus ne peut se faire un titre à lui-même (art. 2240); peu importe que ses prédécesseurs aient agi autrement; c'est probablement par pure tolérance du propriétaire d'alors qu'ils ont pu user du droit de passage, et ce propriétaire était donc toujours en droit de le leur retirer.

2° Primus ne peut, dans l'espèce, invoquer ni prescription, ni destination du père de famille; donc Secundus a parfaitement raison de lui refuser le droit de passage.

Supposons maintenant l'espèce contraire, c'est-à-dire

que le propriétaire du fonds servant a, dans ses titres de propriété, la preuve du droit de passage sur son fonds au profit d'un tiers; mais que ce tiers, qui est donc propriétaire du fonds dominant, n'a aucun titre prouvant qu'il a ce droit de passage; comment la question se résoudra-t-elle, en cas d'opposition du premier à l'exercice de la servitude par le second?

La question est assez délicate; cherchons cependant à en tirer une solution aussi juridique que possible.

Celui qui doit la servitude d'après ses titres de propriété, répond à l'autre à qui elle est due : — Il est bien certain que mes titres mentionnent un droit de servitude en votre faveur; mais montrez-moi les vôtres, afin que je puisse voir s'ils contiennent la même mention. — L'autre répondra nécessairement qu'il n'en a pas; mais ajoutera-t-il aussitôt : La preuve, je la trouve dans vos titres; elle me suffit, et je n'en veux pas d'autre.

Cette hypothèse sera assez rare, nous le croyons; mais comme il faut la prévoir, nous pensons que, dans l'espèce, la preuve pourra être tirée des titres de l'adversaire; ne voyions-nous pas tout à l'heure un arrêt de la Cour de cassation du 14 décembre 1863, permettant toute espèce de preuve pour établir l'existence d'un titre constitutif de servitude? Il nous semble, quant à nous, que cet arrêt, quoique avoisinant la question, peut très bien s'y rapporter, et il semblerait bien inique que, sachant mon adversaire en possession de titres établissant un droit de servitude à mon profit, je ne pusse pas le forcer, par tous les moyens légaux possibles, d'accomplir son obligation envers moi, obligation qui consisterait ici à me laisser paisiblement exercer la servitude à laquelle j'ai droit.

Il résulte, de tout ce qui précède, que le propriétaire d'un fonds est le seul qui puisse établir une servitude sur ce fonds, et c'est ce que disent les articles 686 et 695; il faudra un titre constitutif de la servitude, et s'il vient à être perdu, par exemple, il pourra être remplacé par un titre récognitif; mais il faudra que ce titre soit établi dans les trente ans, sinon il y aurait extinction de la servitude par non-usage (art. 706).

Remarquons que ce titre récognitif ne sera exigé, toujours d'après l'article 695, que pour les servitudes qui ne peuvent s'acquérir par prescription; quant à celles qui admettent ce mode de constitution, la preuve que le titre détruit ou perdu a existé pourra être faite par tous les moyens; il pourra prouver aussi qu'il a, pendant trente ans, exercé la servitude qu'il réclame.

Demandons-nous maintenant si l'on doit appliquer aux servitudes l'obligation imposée par l'article 2263 au débiteur d'une rente de fournir, à ses frais et tous les vingt-huit ans, un titre nouveau à son créancier ou ses ayant-cause ?

Non; car le Code n'en a rien dit quant aux servitudes; c'est un texte spécial au débiteur d'une rente, attendu que, le créancier ayant l'habitude de donner quittance sous seing privé chaque année au débiteur, sans garder une souche de cette quittance, il est bien certain que le débiteur de mauvaise foi pourra faire disparaître ces quittances successives, et le créancier sera exposé à n'avoir plus, après trente ans, qu'un titre susceptible d'être repoussé par la prescription. L'acte récognitif au bout de vingt-huit ans est donc une interruption de prescription des plus sages. Ce danger n'existe pas quant aux servitudes; il dépend du propriétaire de les exercer; cet usage pourra en être prouvé par témoins, tout comme le titre primordial établit qu'elles existent.

Demandons-nous aussi si l'on doit appliquer à l'article 695, le premier alinéa de l'article 1337, ainsi conçu : « Les actes récognitifs ne dispensent pas de la représentation » du titre primordial, à moins que sa teneur n'y soit » spécialement relatée. »

Les partisans de l'affirmative s'appuient tout simplement sur la généralité des termes dont se sert l'article 1337, et disent qu'il n'y a pas de raison pour que l'article 695 ne doive s'y référer.

Nous partageons le système de la négative pour deux raisons. D'abord, comment veut-on qu'un titre récognitif, destiné à remplacer le titre constitutif qui a été détruit ou perdu, comment veut-on que ce titre relate la teneur de l'acte perdu ? Comment veut-on surtout qu'on représente cet acte perdu ? Alors il ne serait plus perdu, si on pouvait soit le représenter, soit en relater la teneur. Et alors, pourquoi un titre récognitif ? C'est une véritable pétition de principes. Disons, de plus, que l'on a assez de peine à justifier le motif de ce premier paragraphe de l'article 1337, dans les cas qu'il examine, pour vouloir le généraliser, et embrouiller ainsi complètement la question, en ce qui concerne les servitudes; laissons l'article 1337 dans la matière de la preuve des obligations, et référons-nous-en simplement ici à l'article 695.

Si le propriétaire a seul le droit d'établir une servitude, peut-on dire que tout propriétaire a le droit de l'établir ? Ici, nous rentrons dans le droit commun, et il faut que ce propriétaire ait la *capacité d'aliéner*. Ainsi, le mineur, l'interdit, ne pourront consentir seuls une servitude sur leurs biens; il faudra l'autorisation du conseil de famille, pour que le tuteur puisse accorder ce droit réel (art. 457 et 509) ; de même, le prodigue ne le pourra sans l'assistance de son conseil judiciaire (art. 513); de même, la femme séparée de biens, sans le consentement de son mari (art. 1449); de même, la femme dotale quant à ses biens paraphernaux, aussi sans l'autorisation de son mari ou de justice (art. 1576); de même, enfin, les administrateurs légaux des biens d'un individu ou d'un établissement public.

Faisons maintenant deux hypothèses :

1° Le propriétaire, grevé déjà d'une servitude, peut-il en consentir de nouvelles ? Oui, si elles n'empêchent pas l'exercice de l'ancienne; non, dans le cas contraire. C'est une question de fait.

2° Le propriétaire dont le fonds est hypothéqué, peut-il le grever d'une servitude ? Oui, dirons-nous; mais c'est un échec aux créanciers hypothécaires. Cela, en effet, diminue leurs garanties, et ils doivent avoir, comme auparavant, le droit de faire vendre l'immeuble immédiatement, sans égard pour la servitude, et sans s'occuper du terme (art. 1188 et 2131).

Examinons maintenant divers cas.

Quid, si un possesseur de bonne foi a consenti une servitude sur le domaine dont il jouit ?

Celui à qui il l'a accordée en profitera tant que le vrai propriétaire de la servitude ne reprendra pas son bien; il perdra alors l'exercice par cela même, sauf à poursuivre, s'il est de bonne foi, celui qui la lui a cédée, et à en obtenir des dommages et intérêts (analogie de l'art. 1599).

Mais si le possesseur de bonne foi prescrit la propriété contre le propriétaire, alors la servitude subsistera au profit du concessionnaire.

Quid du nu-propriétaire ? pourrait-il consentir une servitude ? Oui, avec l'assentiment de l'usufruitier, ou si elle ne lui cause pas de dommage, il pourra en consentir une pendant l'usufruit; sinon, elle ne commencera qu'après cet usufruit.

L'acquéreur à réméré le pourra aussi, mais les servitudes cesseront d'exister si la clause a son effet, si le vendeur rachète à temps son immeuble (art. 1673).

On ne saurait voir le caractère de servitudes dans les assujétissements qu'imposeraient l'usufruitier, l'emphytéote, car leurs droits sont précaires, leur jouissance essentiellement passagère; il en est de même, quant au possesseur d'un bien érigé en majorat.

Le grevé de restitution, au contraire, est vraiment propriétaire, mais sous condition; si les appelés viennent à prédécéder, c'est alors qu'il devient propriétaire incommutable. Dans les premiers cas, les servitudes seront conditionnelles; dans le second, elles seront perpétuelles comme la propriété à laquelle elles sont attachées. Nous pouvons donner les mêmes motifs et les mêmes résultats pour l'envoyé en possession des biens d'un absent, ou un légataire sous condition suspensive; de même, de celui qui a reçu une donation qui sera sujette à rapport.

Le mari, dans le régime de communauté, n'étant qu'un administrateur des biens propres de sa femme, ne peut leur imposer de servitudes; dans le régime dotal, il ne peut, même avec le consentement de sa femme, assujettir les biens dotaux que dans les formes et cas prévus par les articles 1554 et suivants du Code.

Le copropriétaire d'un fonds ne peut non plus l'assujettir sans le consentement de ses copropriétaires; il n'a en effet qu'une part indivise dans la chose commune; de plus, il n'est pas maître de préjudicier aux intérêts de ses copropriétaires. Remarquons, cependant, que l'effet de cet assujettissement n'est que paralysé par le droit des copropriétaires ; si, en effet, un partage rendait le constituant seul propriétaire de l'immeuble, il devrait alors faire jouir l'acquéreur de la servitude.

Il pourrait bien constituer une servitude sur sa part indivise ; mais pour que cette servitude pût s'exercer, il faudrait que le partage fût fait ; sinon, l'exercice en est impossible en fait.

§ III.

Qui peut acquérir une servitude?

C'est également aux propriétaires et en faveur de leurs propriétés, que l'article 686 permet d'établir des servitudes.

Mais la différence que nous trouverons avec le cas précédent, celui de la constitution des servitudes, c'est qu'ici l'obtention de servitudes améliore le fonds, et qu'il est clair, dès lors, qu'un autre que le propriétaire pourra acquérir des servitudes au profit du fonds.

C'est ainsi que l'usufruitier, l'emphytéote, le possesseur de bonne ou mauvaise foi, celui qui a une propriété sous condition suspensive ou résolutoire, tel que le grevé de restitution, l'acheteur à réméré, celui qui jouit d'un *majorat*, l'héritier tenu de délivrer un legs fait sous condition suspensive, pourront stipuler un assujettissement pour leur propre compte, mais il tombera avec leur droit, ou pour le compte du nu-propriétaire, et alors, leur droit expiré, nous pensons que la servitude continuera à subsister en sa faveur.

Cette solution n'est pas adoptée par tous les auteurs.

Disons aussi que l'un des copropriétaires d'un fonds commun pourra acquérir une servitude au profit de ce fonds; il l'améliore, en effet, et la stipulation qu'il fait au nom de tous, est la condition d'une stipulation qu'il fait valablement pour lui-même (arg. de l'art. 1121).

Il pourra aussi stipuler une servitude pour sa part indivise, soit pendant, soit après l'indivision, sans que ses copropriétaires puissent s'y opposer, puisque cette stipulation ne leur porte aucun préjudice.

Quant aux incapables, les mineurs interdits, par exemple, les femmes non autorisées de leurs maris ou de justice, ils pourront acquérir une servitude, sauf à être restitués, si l'acquisition leur porte préjudice. De même les tuteurs, maris ou autres administrateurs des incapables, peuvent stipuler des servitudes au profit des fonds de ceux-ci, sauf la restitution de ceux qu'ils représentent (art. 1304 et 1305).

Nos explications se sont toujours portées sur des servitudes stipulées et acquises à titre onéreux.

Quant à l'acquisition d'une servitude à titre gratuit, il faut suivre quelquefois des principes différents. On m'a légué, par exemple, à moi, usufruitier, une servitude; on peut la considérer comme accordée en vue de la personne seulement; dans ce cas, elle s'éteindrait avec le droit du légataire.

SECTION II

Etablissement des servitudes par prescription.

C'est là un sujet intéressant et difficile. Les anciennes coutumes, si nombreuses et si diverses en beaucoup de points, n'avaient pas de sujet sur lequel elles fussent plus divisées, et où il y eut [illegible] controverses. Les unes (et parmi celles-ci la c[illegible] Normandie, dans son article 707) disaient formellem[illegible] : *Nulle servitude sans titre*. La possession centenaire et, qui plus est, la possession immémoriale, ne pouvaient créer une servitude, pour deux raisons : 1° La servitude était un droit incorporel, et par conséquent, n'était pas susceptible de possession; il en résultait que la prescription ne pouvait avoir lieu; 2° même en admettant la quasi-possession, consistant en actes de pure faculté et de simple tolérance de la part du propriétaire, elle ne pouvait tenir lieu de la véritable possession (art. 2232); donc pas de prescription (coutume de Paris, art. 186). D'autres coutumes, au contraire, admettaient la prescription pour toutes les servitudes (coutume de Douai, chap. 9, art. 2; et d'Artois, art. 72).

De plus la durée de la prescription, pour celles qui l'admettaient, était des plus variables, et allait de dix ans à cent ans, et plus.

Le Code s'est trouvé en face de cette diversité de doctrines, dont les unes, celles qui n'admettaient pas du tout la prescription, se jetaient dans l'exagération la moins justifiée, et les autres, qui l'admettaient pour toutes les servitudes, ne voyaient pas le danger de la prescription vis-à-vis de certaines servitudes non apparentes par exemple, ou vis-à-vis des actes de pure tolérance, qu'un usurpateur pourrait exercer ainsi, sous forme de véritable droit, à l'encontre du propriétaire qui ne s'en défierait pas.

Le Code a parfaitement reconnu toutes ces difficultés, et a établi un état de choses compatible avec l'intérêt bien différent du propriétaire du fonds servant et du propriétaire du fonds dominant, et voilà le système très logique qu'il a posé dans les articles 690 et 691 :

1° « Les servitudes continues et apparentes pourront » s'acquérir par la possession de trente ans ;

2° » Les servitudes continues non apparentes, et les » servitudes discontinues, apparentes ou non apparentes, » ne peuvent s'établir que par titre. »

§ I.

Prescription des servitudes continues et apparentes.

Cette prescription des servitudes continues et apparentes est des plus justifiées; remarquons d'abord que l'exercice de ces servitudes peut se faire au grand jour, qu'il est visible, que les actes en sont journaliers; que cet exercice répond bien à la définition et aux conditions de la possession. L'article 2228 nous dit, en effet, que la possession est *la jouissance d'un droit*, ce qui existe ici; l'article 2229 ajoute que la possession tendant à la prescription doit être « continue, non interrompue, publique, paisible, » non équivoque et à titre de propriétaire ; » tout cela se rapporte parfaitement à l'exercice d'une servitude continue et apparente.

Il faut aussi que les actes accomplis *ne soient pas des actes de simple tolérance ou de pure faculté* (art. 2232); si, par exemple, celui qui a exécuté ces actes a reconnu la tolérance du propriétaire, cette reconnaissance vaudra tant que le propriétaire n'y aura pas renoncé. Ce sera, du reste, une question de fait, qui devra être tranchée par les tribunaux. (Voir en ce sens un curieux arrêt de la Cour de cassation du 6 avril 1841, Dev. 1841-1-414.)

Il faut, enfin, que la prescription se justifie par des travaux apparents, extérieurs, accomplis au début de la prescription (analogie de l'art. 642).

Remarquons que le principe d'indivisibilité d'une servitude, combiné avec le droit d'interrompre la prescription à l'effet d'établir cette servitude, nous permet parfaitement de dire, avec les articles 709 et 710, quoiqu'ils soient placés dans le chapitre de l'extinction des servitudes, que :

1° Si l'héritage, contre lequel court la prescription d'assujettissement, est commun, l'interruption par l'un des copropriétaires profitera aux autres ;

2° Dans le même cas, si la suspension de la prescription a lieu au profit d'un des copropriétaires, d'un mineur, par exemple, elle profitera aux autres.

Quid, dans ce dernier cas, si, plus tard, le partage rend l'un d'eux seul propriétaire de l'immeuble; l'article 883 suppose, en effet, qu'il en a toujours été propriétaire; la suspension lui profitera-t-elle ?

La jurisprudence a varié à ce sujet, mais la Cour de cassation, dans un arrêt du 3 décembre 1845 (Dev. 1846-1-24), a estimé que c'était l'article 883 qui devait l'emporter, et décidé, en conséquence, que la déduction du temps de suspension ne pourra avoir lieu au profit du propriétaire. Nous répondons, au contraire, que l'article 710 est bien formel, et qu'il n'est pas possible de ne pas tenir compte du temps de suspension, surtout en supposant que l'immeuble a été acquis par le mineur devenu majeur, en faveur de qui la suspension a été ordonnée par la loi ; qu'enfin, l'article 883 a été fait *en faveur* des cohéritiers et des communistes, et qu'il ne doit pas se retourner contre eux (Comp. M. Demol., t. XII, n°s 775 *bis* et 999).

Voyons maintenant quelle sera la durée de la possession. L'article 690 nous dit qu'elle sera de trente ans.

Pourra-t-elle être moindre, et spécialement l'article 2265 est-il applicable à la matière des servitudes? En d'autres termes, admettra-t-on ici la prescription de dix ou vingt ans?

Primus a obtenu de son voisin, par titre, la permission d'établir des rues droites à fin d'héritage, et il l'a fait, il y a de cela dix ans. Au bout de ce délai, le voisin est évincé; on le croyait propriétaire, il n'était que simple possesseur. Le vrai propriétaire s'oppose à l'exercice des rues droites; le pourra-t-il?

Les partisans de l'application de l'article 2265 en cette matière nous disent : Oui, Primus a acquis de bonne foi et par juste titre la servitude; il l'a ainsi exercée pendant dix ans; ce sont bien les conditions établies pour la prescription de la propriété; *a fortiori*, nous l'admettons pour la prescription d'une servitude.

Nous pensons qu'il faut se garder de ce système séduisant, et dire nettement qu'en matière de servitudes, il n'y a pas d'autres prescriptions que celle de trente ans.

Voici nos raisons :

1° L'article 690, qui est spécial à la prescription des servitudes, le dit formellement;

2° L'article 2264 est encore plus formel; il nous dit que « les règles de la prescription sur d'autres objets » que ceux mentionnés dans le présent titre, sont expli- » quées dans les titres qui leur sont propres. »

3° Dans l'ancien droit, les coutumes qui admettaient la prescription en notre matière, différaient tellement quant à la durée de la possession, qu'il était impossible de s'y reconnaître et d'établir une règle à peu près uniforme. Le Code a voulu faire table rase de toutes ces distinctions, et c'est ainsi qu'il a formulé la durée de trente ans, dans son article 690. Ne rentrons pas dans le dédale des controverses, que le Code a voulu sagement fermer (Comp. M. Demol., t. XII, n° 782, et plusieurs arrêts de Cassation, dont un assez récent, du 14 nov. 1853, Dev. 1854-1-105).

Demandons-nous maintenant si on peut *modifier* le titre d'une servitude, au moyen d'une possession de trente ans.

Ainsi, j'ai acquis par titre le droit d'ouvrir des fenêtres sur l'héritage du voisin, et le titre précise les conditions de la servitude; dans l'espèce, il ne m'accorde que l'ouverture de trois fenêtres. Au bout d'un certain temps, je perce une quatrième fenêtre, ou bien j'élargis les trois premières. Mon voisin peut-il s'y opposer, si la nouvelle situation a duré trente ans sans interruption de sa part?

Nous ne le pensons pas; l'aggravation de servitude est une nouvelle servitude qui s'annexe à l'ancienne, et il n'y a pas de motif sérieux d'empêcher son acquisition par la prescription.

On nous objecte cependant l'article 2240, qui dit *qu'on ne peut prescrire contre son titre* : or le titre ne porte que sur la vue par trois fenêtres; donc l'article 2240 est violé dans l'espèce.

Nous répondrons que l'article 2240 commente lui-même le principe *qu'on ne peut prescrire contre son titre;* il ajoute, en effet : « En ce sens que l'on ne peut se changer » à soi-même le titre et le principe de sa possession; » cela s'applique aux détenteurs précaires. Mais si on ne peut prescrire contre son titre, on peut prescrire *au delà*, en faisant *plus que* le titre ne permet de faire, si cette aggravation présente tous les caractères d'une servitude continue et apparente.

§ II.

Les servitudes qui ne sont pas tout à la fois continues et apparentes ne peuvent s'acquérir que par titre. Elles n'admettent pas la prescription, même immémoriale.

L'article 691 s'exprime ainsi : « Les servitudes con- » tinues non apparentes, et les servitudes discontinues » apparentes ou non apparentes ne peuvent s'établir que » par titres.

» La possession même immémoriale ne suffit pas pour » les établir. »

Avant d'examiner le motif qui a dicté cette disposition, examinons l'exception, citée par la fin de l'article : « Sans » cependant qu'on puisse attaquer aujourd'hui les servi- » tudes de cette nature, déjà acquises par la possession » dans les pays où elles pouvaient s'acquérir de cette ma- » nière. ».

Disons de suite que la preuve de cette possession immémoriale, laquelle possession devra avoir été acquise le 10 février 1804, au moment de la promulgation du Code, sera bien difficile, sinon impossible.

On exigeait, en effet, que les témoins eussent cinquante-quatre ans, afin de se remémorer facilement le début de la possession, l'âge de quatorze ans étant alors l'âge de raison ; or, en supposant que ces témoins eussent cinquante-quatre ans en 1804, on voit qu'aujourd'hui ils seraient plus que centenaires.

On admettait aussi quelquefois comme preuves, des bornes, des inscriptions, l'ancienneté des ouvrages, etc., ce qui pourrait encore être aujourd'hui un moyen de preuve, si ces bornes, ces inscriptions, ces ouvrages existaient encore.

Du reste, la Cour de Cassation, par plusieurs arrêts, a spécifié, à cet effet, que, dans le silence des textes, il appartient aux cours et aux tribunaux « d'apprécier les » obstacles que peut présenter la preuve des faits, qui » remontent à des époques aussi éloignées, et que ces » difficultés ne peuvent réagir sur la légalité de l'admission » de cette preuve. » (L'arrêt le plus récent est du 13 mai 1840, Devill. 1840-1-508.)

Du reste, on pourra toujours, dans ce cas, réclamer du propriétaire du fonds servant, à sa volonté, bien entendu, un titre récognitif, destiné à remplacer le titre primordial (art. 695).

Revenons maintenant à notre règle de l'article 691.

Quel en est le motif ?

On dit ordinairement, quant aux servitudes non apparentes, que leur possession *n'est pas publique*, parce qu'elle n'est pas apparente ; donc il lui manque une des conditions nécessaires à toute prescription (art. 2229).

Quant aux servitudes discontinues, on se base sur leur discontinuité, pour dire qu'elle est un obstacle à la prescription, l'article 2229 exigeant que la possession soit continue.

Cette idée paraît juste d'abord, car la possession est effectivement intermittente. Mais, malgré cette apparence, elle n'est pas vraie, car la possession discontinue n'est pas imprescriptible en tant que discontinue, mais parce qu'elle est à titre précaire. La possession d'une servitude discontinue peut être, en effet, continue dans le sens de l'article 2229 ; car qu'est-ce que la possession continue d'après cet article ? C'est celle qui s'exerce par tous les actes de possession dont l'objet sur lequel elle s'exerce est susceptible. Si cet objet est tel, que la possession intermittente qui s'exerce sur lui soit, en réalité, aussi fréquente qu'elle peut l'être, elle sera réputée continue.

Par exemple, si c'est un champ qui soit l'objet d'une possession, il ne sera pas nécessaire que son possesseur y reste toujours, n'en bouge pas, pour l'acquérir par prescription; il suffit qu'il l'ait conservé *animo domini*. De même si un propriétaire a puisé à la source de son voisin toute l'eau dont il a besoin pour son usage, il aura possédé un droit à cette source, quoiqu'il n'ait pas puisé continuellement de l'eau.

Le véritable motif qui exclue du moyen de prescription les servitudes qui ne sont pas apparentes et continues, c'est que les actes qui les constituent sont *présumés venir de la tolérance du voisin;* or, l'article 2232 déclare que cette tolérance ne peut jamais servir de fondement à la prescription. Vous puisez de l'eau sur mon fonds; je vous laisse faire parce que cela ne me gêne pas; mais il n'y a pas d'acquisition possible résultant de ce fait de tolérance, attendu que votre passage ne laisse pas de traces sur mon fonds et que vous n'avez pas fait d'ouvrages pour l'exercer. De plus, ce motif est d'une très bonne politique; car si ces rapports de voisinage avaient pu créer des servitudes par une possession prolongée, les propriétaires ne seraient-ils pas devenus défiants, égoïstes les uns vis-à-vis des autres? Au contraire, en leur donnant l'assurance que ces actes de tolérance n'existeront qu'en vue de créer entre eux un échange de bons et utiles services, la loi a encouragé ces services le plus qu'elle a pu.

Malgré le texte bien formel de l'article 691, des auteurs ont prétendu que la prescription pouvait s'appliquer à des servitudes qui ne seraient pas tout à la fois continues et apparentes, et ont soulevé les hypothèses suivantes :

1re *hypothèse.* — Un usurpateur s'est emparé de mon fonds et a concédé au propriétaire du fonds voisin, qui l'a acquise de bonne foi, une servitude de passage.

Je revendique mon fonds, et je chasse l'usurpateur.

Vous, mon voisin, vous continuez de passer sur mon fonds, et je ne dis rien. Au bout de trente ans, je vous empêche de passer. Alors vous me montrez un titre qui vous a été concédé par l'usurpateur. Je riposte, en prétendant que ce titre est nul, comme accordé par quelqu'un qui n'avait pas qualité pour vous en accorder un ; que va-t-il arriver ?

Les partisans du système qui prétend que la servitude est acquise dans ce cas, nous disent : Ce qui fait que la servitude de passage est imprescriptible, c'est qu'elle ne s'exerce qu'à titre précaire, par tolérance : or, dans l'espèce, le propriétaire l'a exercée *animo domini*, et sa possession, purgée du vice de précarité, est apte à engendrer la prescription.

Ce raisonnement, répondrons-nous, n'est pas exact. Contre qui, en effet, est purgé le vice de précarité ? Ce n'est qu'à l'égard de l'usurpateur, qui pour moi est un étranger, un *prædo*. Le sera-t-il vis-à-vis de moi ? Non, puisque je n'ai pas connaissance de votre titre, et je ne puis m'accuser que d'avoir trop toléré votre passage dans mon fonds, puisque vous en profitez pour revendiquer une servitude.

Il ne peut donc y avoir, dans ce cas, de dérogation à la règle posée dans l'article 691.

Y en aurait-il une autre dans l'hypothèse suivante :

2e *hypothèse.* — Vous passez sur mon fonds, et je ne dis rien, puis je le ferme par une barrière. Vous me sommez d'enlever cette barrière. Je cède et je l'enlève, en vous laissant passer pendant plus de trente ans après votre sommation. Au bout de ce temps, mon successeur remet la barrière et résiste à une nouvelle sommation ; que va-t-il se passer ?

Quelques auteurs disent que la servitude est acquise, et que la sommation suivra son cours ; car, ajoutent-ils, il n'y a pas ici d'acte de pure tolérance, puisqu'il y a trente ans, le propriétaire dominant m'a notifié une sommation de le laisser exercer le droit de passage, et que j'ai cédé alors ; il a donc exercé cette servitude en ma présence, pendant le temps voulu et *animo domini ;* le droit lui est donc acquis.

Nous ne pouvons admettre cette argumentation, quoiqu'elle soit assez serrée, et pour plusieurs raisons : d'abord, le texte de l'article 691 qui ne fait aucune distinction de fait, mais qui est d'une netteté irrésistible. Quant à la question de savoir si, en cédant à vos sommations, je vous ai laissé exercer la servitude en maître, au lieu de vous accorder une simple tolérance, je répondrai que cet *animus domini* tend toujours, de votre part, non pas à acquérir un titre de servitude, puisqu'il dépend uniquement de ma volonté de vous en accorder un, mais à acquérir cette servitude par la prescription. Or vous ne pouvez prescrire, l'article 691 vous le défend.

3e *hypothèse.* — Elle suppose qu'un usurpateur s'est emparé de mon fonds, puis a concédé par titre un droit de passage sur ce fonds. Nous savons que le titre, qui m'est étranger, ne peut, comme tel, valoir contre moi, quand je serai en possession de mon immeuble. Mais après la revendication, le tiers acquéreur m'a sommé de le laisser continuer à passer, et aussi d'enlever une barrière que j'avais placée. J'ai cédé, et depuis trente ans il passe ; quel sera le résultat de ce long exercice du droit de passage ?

On voit que cette hypothèse est formée de la réunion des deux premières ; aussi quelques auteurs ont été entraînés à admettre, comme dans les précédentes hypothèses, que la servitude était acquise.

C'est ce que nous ne pensons pas, pour les mêmes motifs que précédemment. Le tiers acquéreur tient, en effet, ses droits de l'usurpateur ; il n'a donc pas de titre, et la sommation qu'il m'a faite n'en a pas créé contre moi (art. 2240) ; de plus, la prescription n'est pas possible dans l'espèce (art. 691.) (M. de Folleville, à son cours.)

Remarquons, avant de terminer, que la prescription ne pouvait pas être admise, toujours en vertu de l'article 691, en faveur de l'aggravation, de l'extinction, de la modification des servitudes visées par cet article ; tout au plus pourrait-elle déterminer le lieu d'exercice de la servitude.

SECTION III

Etablissement des servitudes par la destination du père de famille.

Ce troisième mode de constitution est réglé par les articles 692 à 694.

Etudions, à ce sujet, les trois points suivants :

1° Qu'est-ce que la destination du père de famille ?

2° Quelles sont les conditions qu'elle exige ?

3° Examen particulier de l'article 694.

§ I.

Qu'est-ce que la destination du père de famille?

L'article 692 nous dit : « La destination du père de » famille vaut titre à l'égard des servitudes continues et » apparentes. »

L'article 693 ajoute : « Il n'y a destination du père de » famille, que s'il est prouvé que les deux fonds, actuelle- » ment divisés, ont appartenu au même propriétaire, et » que c'est par lui que les choses ont été mises dans l'état » duquel résulte la servitude. »

D'où la définition suivante : « La destination du père de » famille est l'acte par lequel le propriétaire de deux héri- » tages établit entre eux un état de choses, qui cons- » tituerait une servitude, s'il appartenait à des maîtres » différents. »

Tant que les deux fonds restent dans la même main, le fait que, par exemple, des fenêtres ont été ouvertes, dans le mur d'une maison, sur un fonds voisin appartenant au même propriétaire, ne constitue pas une servitude; car *nemini res sua servit;* mais, du moment où le fonds et la maison sont séparés, par une aliénation quelconque, et appartiennent à deux maîtres différents, quand même il n'y aurait pas de titre retenant la servitude au profit de celui des deux qui aura la maison, le droit de conserver la vue, par les fenêtres, sur le fonds voisin, subsistera au profit du propriétaire de la maison.

Ici, la volonté des parties n'a pas été expresse, je le veux bien, mais elle est parfaitement tacite; il paraît difficile que l'acquéreur du fonds ne se soit pas aperçu de la servitude de vue s'exerçant par des fenêtres ; il est même possible que le prix du fonds en ait été diminué d'autant, en raison de cette servitude (art. 1638).

L'arrangement entre les deux fonds, établi par leur commun propriétaire, sera permanent, même après aliénation, et il sera, en fait, un changement de destination, dans le sens juridique du terme (art. 517, 524 et 525).

Aussi ce mode d'établissement des servitudes semble-t-il si équitable et si utile qu'on s'étonne qu'il n'ait pas été admis dans l'ancien droit. En 1690, un homme qui avait établi des fenêtres dans un mur contigu à un terrain non bâti qui était aussi à lui, vendit ce terrain ; l'acheteur s'opposa à la vue par les fenêtres, et il fut jugé qu'il avait le droit de les faire fermer. Mais il fut actionné par son vendeur en augmentation de prix, puisque son fonds s'en était augmenté d'autant, et qu'il avait causé préjudice à ce vendeur ; le Parlement de Paris condamna l'acquéreur au paiement du supplément demandé.

§ II.

Conditions d'exercice de la destination du père de famille.

Il y a trois conditions exigées par les articles 692 et 693 :

1° Qu'il s'agisse de servitudes continues et apparentes ;

2° Qu'il soit prouvé que les deux fonds, actuellement divisés, ont appartenu au même propriétaire ;

3° Que ce soit ce propriétaire qui ait établi l'état de choses constituant la servitude.

La preuve pourra être administrée par témoins, suivant les principes généraux du droit; rien dans l'article 693 ne s'y oppose.

La troisième condition, que ce soit le propriétaire lui-même qui ait constitué la servitude d'un fonds sur l'autre, est-elle indispensable, ou ne pourrait-on pas dire aussi qu'il suffira de prouver que cet état de choses est *antérieur à* la division des deux fonds ?

Il faut supposer, pour cela, que le propriétaire a acquis deux fonds dont l'un devait une servitude à l'autre; cette servitude s'est éteinte par confusion dès que les fonds se sont trouvés entre ses mains. Si cependant il continue à exercer la servitude au profit du fonds dominant, la servitude renaît-elle par suite de l'aliénation qu'il aura faite d'un fonds à un tiers ?

Non, disent beaucoup d'auteurs; les termes de l'article 693 sont restrictifs, et il faut s'en tenir au cas qu'il propose.

Nous répondrons que peu importe; la pensée de la loi, en édictant cet article, a été de continuer entre les fonds un état de choses qui serait approuvé tacitement par les parties; or, ici cette approbation existe; donc peu importe que la servitude ait été créée ou maintenue par le propriétaire. (Comp. M. Demol., t. XII, n° 814.)

§ III.

Examen particulier de l'article 694.

L'article 694 est beaucoup plus obscur que les deux précédents; en voici les termes : « Si le propriétaire de » deux héritages, entre lesquels il existe un signe apparent » de servitude, dispose de l'un des héritages sans que le

» contrat contienne aucune convention relative à la servi- » tude, elle continue d'exister activement ou passivement » en faveur du fonds aliéné ou sur le fonds aliéné. »

Cet article, on le voit, est en contradiction flagrante avec les articles 692 et 693; ceux-ci exigent, pour le même cas, que la servitude soit continue et apparente; l'article 694, au contraire, n'exige qu'un signe *apparent* de servitude. Comment concilier ce texte avec les deux précédents?

Cinq systèmes ont cherché à donner la clef de l'énigme, sans pouvoir, nous le pensons, arriver à une interprétation certaine, évidente, qui saute aux yeux.

Un premier système nous dit qu'il n'y a pas de contradiction entre les articles 693 et 694, qui se rapportent tous deux à l'article 692, et qu'on a tout simplement *oublié de citer* dans l'article 694 la condition de *continuité*; qu'il faut donc la suppléer.

Ce système, qui est celui de quelques auteurs comme Delvincourt, Touillier, Favard de Langlade, etc., n'a eu aucun succès, puisqu'à ce compte-là et en réparant l'oubli précité, l'article 694 est inutile, et ne dit rien de plus que l'article 693.

Un second système *distingue, suivant les actes d'aliénation* qui ont séparé les deux fonds. S'il y a eu un partage entre les cohéritiers de l'ancien propriétaire, ou entre deux copropriétaires, on applique les articles 692 et 693, avec les deux conditions d'apparence et de continuité; si l'aliénation, quelle qu'elle soit, a été faite par le propriétaire lui-même, on applique l'article 694 avec la seule condition d'apparence. On s'appuie, dans ce système, sur ce que bon nombre de coutumes auraient fait cette distinction (entre autres celle de Normandie), et aussi sur ce que le système proposé concilie parfaitement l'article 694 avec les deux précédents.

Nous le repoussons, d'abord parce que nous ne voyons pas que la distinction précitée ait été unanimement admise par les coutumes; Pothier ne la fait pas du tout, quand il examine l'article 228 de la coutume d'Orléans; de plus, la différence proposée entre les actes de partage entre communistes ou cohéritiers, et les actes d'aliénation du propriétaire n'a de base dans aucun article du Code; ces divers actes ne sont toujours, au fond, que des mutations de propriété; enfin, la comparaison des articles 692 et 693 avec l'article 694 ne nous fait aucunement supposer que le législateur ait voulu établir des distinctions aussi précises.

Un troisième système a soutenu que l'article 694 devait seul être appliqué, et que la condition d'apparence suffira pour l'établissement d'une servitude; d'où, *suppression* de l'article 692, et par conséquent suppression de la continuité.

Ce système n'est soutenable par aucun argument sérieux, et n'a pas plus de fondement que le premier.

Un quatrième système suppose que l'article 694 est *tout à fait étranger à* la destination du père de famille, laquelle ne peut s'appuyer que sur les articles 692 et 693.

D'après les auteurs qui soutiennent ce système, l'article 693 viserait le cas où c'est le propriétaire qui établit la servitude d'un fonds sur l'autre; l'article 694 concernerait, au contraire, le cas où la servitude existait entre les deux fonds; mais ayant été éteinte par la réunion des deux fonds en une même main, elle renaîtrait, elle serait rétablie entre eux par le fait volontaire du propriétaire: dans le cas de l'article 693, il faudrait l'apparence et la continuité; d'après l'article 694, il ne faudrait que l'apparence.

Cette opinion s'appuie sur les mots de l'article 694 : *la servitude continue d'exister;* donc, dit-on, elle existait auparavant.

Nous ne sommes pas de cet avis, l'argument de texte n'étant pas du tout concluant; l'admettre, ce serait supposer l'existence d'une servitude avant la séparation des deux fonds, et il n'en existait pas. Tout ce qu'on pourrait admettre, c'est qu'elle *recommence*, mais elle ne continue pas.

Et du reste, qu'importe qu'elle ait eu, ou non, une existence? il n'y a pas à s'occuper du passé, mais à considérer un seul moment décisif, celui où la séparation s'opère; et si alors les fonds étaient disposés de telle manière que la servitude existât, c'est à ce moment qu'il faut s'attacher. Quant à l'argument tiré de ce que le tribun Albisson a présenté ce système au tribunal, il n'est pas bien sérieux, attendu que ce n'était qu'une opinion *absolument individuelle* et que l'on ne peut aucunement ériger en article de loi.

Le cinquième et dernier système distingue : *il y a des cas où* on appliquera les articles 692 et 693; *il y en a d'autres où* l'article 694 trouvera sa place. Dans le premier cas, la servitude devra être continue et apparente; il suffira d'établir les preuves demandées par l'article 693.

Au contraire, on appliquera l'article 694, quand la servitude sera simplement apparente, sans avoir le caractère de continuité; mais il faut, *en outre de* ce signe apparent, que celui qui invoque la servitude produise l'acte en vertu duquel les fonds ont été séparés, et établisse qu'il n'y a eu aucune convention relative à la servitude.

L'article 694 est corroboré par l'article 1638, *a contrario*, d'après lequel les servitudes apparentes n'entraînent pas la résolution du contrat, et doivent être supportées par l'acquéreur, quoiqu'elles soient peut-être très onéreuses.

En résumé, ce système exige la représentation des titres dans l'article 694, tandis qu'il n'en parle pas dans le cas prévu par l'article 693.

Après l'examen de tous ces systèmes, c'est bien celui-là qui nous paraît approcher le plus de la vérité juridique, quoiqu'il ne soit pas absolument certain; mais l'obscurité du texte de l'article 694 est extrême, et ne permet pas, comme nous le disions plus haut, une solution précise, nette, qui saute aux yeux. Nous nous rangeons volontiers parmi les partisans de ce système; du reste, cela paraît bien être le système de la jurisprudence et de la plupart des auteurs. (M. de Folleville, à son cours.)

Remarquons, en finissant, que la destination du père de famille s'applique tant dans les aliénations à titre gratuit, que dans celles à titre onéreux, et aussi dans le cas d'expropriation forcée.

CHAPITRE III

Comment s'exercent les servitudes.

L'exercice des servitudes est toujours gênant; le propriétaire du fonds dominant tend à aggraver la servitude à son profit, tandis que le *dominus serviens* veut en restreindre l'exercice.

Aussi le mode d'exercice des servitudes soulève-t-il souvent bien des difficultés dans la pratique, et il importe de mesurer exactement les droits de chacun; c'est ce que fait la loi dans l'article 696 et dans la section III du chapitre III (art. 697 à 702).

Nous allons examiner les trois points suivants :

1° Droits et obligations du propriétaire du fonds dominant;

2° Droits et obligations du propriétaire du fonds servant;

3° Quelles sont les servitudes qui sont le plus en usage ?

SECTION I

Droits et obligations du propriétaire du fonds dominant.

L'article 696 nous dit : « Quand on établit une servi-
» tude, on est censé accorder tout ce qui est nécessaire
» pour en user.

» Ainsi, la servitude de puiser de l'eau à la fontaine

» d'autrui, emporte nécessairement le droit de passage. »

Cette règle est une règle de bon sens, qui forme la prémisse d'où découlent tous les principes posés dans notre section : car qui veut la fin, veut les moyens.

Mais comprenons bien la portée du principe posé par l'article 696. La faculté subsidiaire ne peut exister que comme un *accessoire* entièrement subordonné à la servitude principale. Ainsi le droit de passage n'est que le moyen d'exercer la servitude de puisage.

Il en résulte deux conséquences :

1° On ne peut user de la servitude accessoire qu'à l'effet d'exercer la servitude principale; je ne pourrai passer que pour aller puiser de l'eau; je ne pourrai pas passer pour tout autre motif, pour me promener, par exemple.

2° La servitude accessoire suit le sort de la servitude principale, et s'éteint avec elle, de quelque manière que celle-ci soit éteinte, par non-usage ou autrement. Pendant trente ans, par exemple, je n'ai pas puisé de l'eau, mais je suis passé : au bout de trente ans, mon droit de puisage est éteint, et mon droit de passage en même temps; le droit de passage étant une servitude discontinue (art. 688), je n'ai pu l'acquérir séparément, et comme servitude principale (art. 691) : donc, je n'ai plus de droit de passage.

Remarquons qu'il faut que la servitude accessoire soit *nécessaire* pour être due ; l'article 696 le dit formellement.

Toujours dans le même ordre d'idées, l'article 697 parle ainsi : « Celui à qui est due une servitude, a » le droit de faire tous les ouvrages nécessaires pour » en user et pour la conserver. »

Ces ouvrages peuvent être faits non seulement sur le fonds dominant (cela va de soi), mais sur le fonds servant. Par exemple, on m'accorde une servitude de passage; je pourrai aplanir le terrain où elle s'exercera, ou enlever les arbres qui pourraient en rendre l'usage difficile. (Cassat. 12 janvier 1841, Dev. 1841-1-332). Il est évident que le propriétaire assujetti devra laisser passer les ouvriers qui viendront exécuter les travaux, et supporter le dépôt des matériaux. Toutefois il est bien entendu que ces ouvrages devront être faits de la manière la moins dommageable et la moins incommode pour le fonds servant. En fait, on devra faire une expertise, et, s'il n'y a pas entente, faire statuer par les tribunaux *ex æquo et bono*, d'après les circonstances de l'espèce (arg. des art. 683, 684, 701).

Les travaux devront être faits aux frais du propriétaire du fonds dominant, à moins que le titre constitutif de la servitude ne l'en dispense; c'est ce que dit l'article 698. C'est l'application des deux règles : *Ubi emolumentum, ibi onus*, et : *Servitutum non ea natura est ut aliquid faciat quis, sed ut patiatur aut non faciat.* La servitude est, en effet, un droit réel, un démembrement de la propriété; dès lors, le propriétaire du fonds servant ne peut être obligé *activement*, par l'aliénation d'une partie de ce droit, plus qu'il ne le serait par l'aliénation du droit tout entier.

Mais que dire des frais tout à fait accidentels, tels qu'un préjudice causé par les travaux au fonds assujetti? Il a fallu, par exemple, traverser son champ de blé avec des chariots.

Les partisans du système qui met ces frais accidentels à la charge de celui qui fait les travaux invoquent tout simplement l'article 1382 : un dommage a été causé, disent-ils ; il faut le réparer.

Mais nous penchons plutôt pour la négative, par les raisons que voici :

1° Aux termes de l'article 697, le propriétaire du fonds dominant a le droit de faire sur le fonds servant tous les travaux nécessaires à l'exercice de la servitude, il n'est donc tenu à aucune réparation ;

2° L'article 698 parle des *ouvrages* d'une façon générale : il comprend donc aussi les ouvrages *accidentels ;* il en résulte que le propriétaire du fonds dominant sera seulement tenu de rétablir les lieux dans leur premier état : mais il ne devra aucune indemnité en argent au propriétaire du fonds servant.

Remarquons que les articles 696 et 697 établissent comme un droit, mais aussi comme une *simple faculté,* pour le propriétaire du fonds dominant, cette facilité d'exercer la servitude au moyen d'ouvrages quelconques ; cependant il pourra être obligé de les exécuter, si le titre constitutif l'y oblige (art. 1134) ; il y sera encore tenu, dans le cas où le mauvais entretien des ouvrages cause un préjudice au fonds servant (art. 702) ; si, dans ces deux cas, il s'y refuse, il devra abandonner la servitude (arg. de l'art 699).

Remarquons que l'article 702 vient corroborer ce que nous venons de dire, quant à la mauvaise exécution des travaux, qui porte préjudice au fonds servant : il s'exprime, en effet, ainsi : « De son côté, celui qui » a un droit de servitude, ne peut en user que suivant » son titre, sans pouvoir faire, ni dans le fonds qui » doit la servitude, ni dans le fonds à qui elle est due, » de changement qui aggrave la condition du premier. »

Il faut entendre ici le mot *titre* dans le sens le plus large, et le regarder comme la *cause efficiente* du droit.

1° S'il y a titre *écrit*, soit originaire, soit récognitif, on en consultera les termes, en tenant compte de la nature des servitudes, de l'état des héritages et des usages locaux ; dans le doute, c'est toujours en faveur de la liberté, et par conséquent, du fonds servant, qu'il faudra se décider (art. 1162).

2° S'il y a prescription de la servitude, on suivra la maxime : *Tantùm præscriptum quantùm possessum.* Le propriétaire aura les droits tels qu'il les aura possédés pendant trente ans, ni plus ni moins.

3° S'il y a destination du père de famille, on se reportera au moment où le fonds est sorti des mains de celui-ci, et c'est alors que seront fixés les droits de servitude tels qu'ils existent dans le moment.

Tout est ici affaire d'arbitrage *ex æquo et bono*, pour les tribunaux, qui doivent toujours prendre pour ligne de conduite ces deux règles : d'une part, concilier ce qui est le plus avantageux pour le fonds dominant avec ce qui est le moins incommode pour le fonds servant ; d'autre part, se prononcer, dans le doute, en faveur du fonds servant (arg. de l'art. 1162).

L'article 702, que nous avons énuméré plus haut, comprend deux points très importants :

1° La servitude ne peut être exercée que pour les *besoins* du fonds dominant.

Par conséquent, on ne pourrait ni vendre ni louer à un tiers l'exercice de la servitude, séparément du fonds dominant, ni en faire profiter une propriété voisine. Il a cependant été jugé que celui qui a acquis par prescription une servitude d'aqueduc pour l'irrigation de ses propriétés, peut appliquer les eaux au mouvement d'une usine (Cassat. 6 mars 1849).

2° Les besoins du fonds dominant doivent être appréciés eu égard à l'état où il se trouvait au moment de l'établissement de la servitude : *Ad modum et exigentiam loci dominantis, quæ erat tempore constitutæ servitutis*, nous dit Dumoulin.

Cette règle est fort raisonnable et compatible avec la situation toujours difficile et incommode du fonds servant; elle est fort importante, car, dans le cours du temps, il peut survenir des changements de nature à aggraver le dommage causé au fonds servant :

A. *Changements dans les choses.* — On a stipulé, par exemple, pour une maison à un étage, une servitude de passage; on l'exhausse ensuite d'un ou de deux étages. Rigoureusement, cette aggravation de servitude n'est pas permise. Il faudra s'en référer au pouvoir discrétionnaire des tribunaux, qui examineront les titres et les faits, pour reconnaître s'il y a eu véritablement aggravation de la servitude.

B. *Changements dans les personnes.* — On a stipulé de moi un droit de passage; le stipulant est célibataire. Il meurt, laissant *plusieurs* héritiers, lesquels ont des familles nombreuses et un nombreux personnel. Dois-je supporter l'aggravation de servitude qui en résulte? Oui, dira-t-on généralement ; car ce cas a pu et a dû être prévu quand la servitude a été constituée. Toutefois, il y a, comme dans le premier cas, le pouvoir discrétionnaire des tribunaux.

La loi, du reste, s'est préoccupée de ces changements qui peuvent s'opérer dans la personne des propriétaires dominants, et elle a mesuré ainsi, dans l'article 700, les conséquences qui peuvent résulter de leur grand nombre.

« Si l'héritage, dit cet article, pour lequel a été établie » la servitude, vient à être divisé, la servitude reste » due pour chaque portion, sans néanmoins que la con- » dition du fonds soit aggravée. Ainsi, par exemple, s'il » s'agit d'un droit de passage, tous les copropriétaires » seront obligés de l'exercer par le même endroit. »

Examinons ce qui va se passer *avant* et *après* le partage.

1° Avant le partage.

L'indivision existe entre les copropriétaires. *C'est alors qu'on peut appliquer* les articles 709 et 710, le premier disant que la jouissance de l'un des copropriétaires empêche la prescription à l'égard de tous ; le second article ajoutant que si l'un d'eux, un mineur, par exemple, peut invoquer une cause de suspension, il conservera le droit de tous les autres.

La règle générale, dans l'état d'indivision, est donc que *chacun* des copropriétaires peut exercer la servitude, mais que la condition du fonds servant n'en peut souffrir (art. 700).

Pour les servitudes continues, la multiplication des propriétaires dominants ne les aggrave presque jamais d'une façon appréciable. Ainsi, une fenêtre ne sera pas plus gênante, si douze personnes, au lieu d'une seule, habitent la maison.

Il en sera de même de quelques servitudes discontinues, par exemple, d'un droit de passage pour exploiter un domaine : qu'il y ait deux copropriétaires ou dix, l'exploitation se fera toujours aux mêmes époques et de la même manière.

Mais, pour d'autres servitudes discontinues, telles que le droit de passage dans une maison, la multiplication des habitants aggraverait singulièrement l'exercice de ces servitudes; quel est le droit du propriétaire asservi?

Au lieu du règlement de la servitude par le juge, comme dans l'ancien droit, on suit les dispositions de l'article 700, et le propriétaire asservi pourra forcer les copropriétaires dominants à exercer le droit de passage par le *même* endroit.

2° Après la partage.

L'article 700 dispose alors que chacun exerce la servitude pour son propre compte, sans aggravation possible. Il y a désormais *autant de* servitudes *que de* lots. Dès lors aussi, la jouissance de l'un ne conserve plus le droit des autres; chacun perd individuellement son droit par un non-usage de trente ans (art. 706).

En vain dira-t-on que l'indivisibilité de la servitude s'y oppose : nous répondrons, avec les jurisconsultes romains, que, le partage fait, il y a autant de servitudes distinctes qu'il y a de lots formés avec le fonds dominant, chaque servitude étant indépendante des autres.

Remarquons que le principe que nous venons de poser, recevrait une *exception* au cas où la servitude serait établie sur une portion *divise* de l'immeuble, soit en vertu d'un titre, soit en raison de son objet : par exemple, un appui, un égoût, une vue, qui supposent une partie du fonds bâtie ; alors le propriétaire seul de cette *certa pars fundi* aurait l'exercice de la servitude.

Ce que nous avons dit précédemment d'une indivision et d'un partage résultant de l'ouverture d'une succession, nous le dirons aussi en cas de *vente volontaire* faite à *plusieurs* copropriétaires; chacun d'eux pourra exercer individuellement le droit de servitude qui sera compris dans la vente; les articles 700 et 709 ne s'y opposent pas le moins du monde; ils supposent bien qu'il y a partage, qu'il y a indivision; mais ils ne s'inquiètent nullement de la cause de ce partage, de cette indivision : que ce soit une ouverture de succession, que ce soit une vente, peu importe. Remarquons, de plus, que la vente était dans les éventualités prévues ou à prévoir, de la part du propriétaire du fonds servant; pourvu que le ou les propriétaires dominants usent de la servitude suivant le titre de constitution, il n'a rien à leur dire (art. 702). De plus, il ne pourra réclamer aucune indemnité, en vertu de l'article 1382; pourquoi le pourrait-il? La servitude serait-elle aggravée parce qu'au lieu d'une personne qui l'exerce il y en a plusieurs, si elles observent la règle posée par l'article 700, le propriétaire assujetti n'a rien à réclamer; ces personnes sont absolument dans leur droit et dans l'exercice de ce droit.

SECTION II

Droits et obligations du propriétaire du fonds servant.

L'article 701 exprime très bien le rôle de ce propriétaire: « Le propriétaire du fonds débiteur de la servitude, » dit-il, ne peut rien faire qui tende à en diminuer l'usage » ou à le rendre plus incommode. Ainsi il ne peut changer » l'état des lieux, ni transporter l'exercice de la servitude » dans un endroit différent de celui où elle a été primi- » tivement assignée. Mais cependant, si cette assignation » primitive était devenue plus onéreuse au propriétaire » du fonds assujetti, ou si elle l'empêchait d'y faire des » réparations avantageuses, il pourrait offrir au proprié- » taire de l'autre fonds un endroit aussi commode pour

» l'exercice de ses droits, et celui-ci ne pourrait pas le » refuser. »

C'est la reproduction de la règle romaine, que nous avons déjà répétée plusieurs fois : *Servitutum natura est... ut patiatur quis, aut non faciat.*

Ainsi, la servitude de ne pas bâtir empêchera le propriétaire assujetti de faire, de bâtir dans l'espèce; il sera obligé de se renfermer dans l'abstention, dans le *non facere;* la servitude de passage l'oblige à souffrir, *ut patiatur,* qu'un tiers traverse son fonds.

Les Romains avaient soigneusement maintenu cette double règle de l'abstention et de la passivité, et empêchaient ainsi que le propriétaire asservi ne fût obligé à exécuter les travaux nécessaires à l'exercice de la servitude.

Ils n'avaient fait d'exception que pour la servitude *oneris ferendi*, qui exigeait un *factum*, l'obligation d'entretenir le mur. (Loi 6, § 2, et loi 3, Dig. *si servit. vindic.*)

Aujourd'hui, il n'y a plus d'exception dans le Code, et le propriétaire assujetti n'est tenu *qu'à* l'abstention et à la passivité, à moins que le contraire ne soit dit par l'acte constitutif de la servitude (art. 698).

Mais remarquons que les travaux nécessaires qui pourront être imposés au propriétaire asservi par le titre de la servitude (art. 698), et pour son exercice, ne seront qu'un accessoire de cette servitude; il faudra donc que la servitude existe.

Remarquons de plus que si l'article 698 ne parle que du *titre constitutif* de la servitude, comme pouvant établir les travaux nécessaires à son exercice, à la charge du propriétaire asservi, il n'est qu'énonciatif; *il n'est pas limitatif*. Il pourra donc y avoir une convention postérieure, soit expresse, soit tacite entre les deux propriétaires; on ne fait, en cela, que suivre les principes généraux du droit (art. 1134).

Supposons maintenant que, sans qu'il y ait de titre ou de clause à ce sujet, le propriétaire du fonds servant exécute volontairement les travaux pendant trente ans; le propriétaire dominant, qui aurait dû faire ces travaux, puisqu'il n'y avait pas de convention contraire (art. 697 et 698), peut-il dire qu'il a acquis par prescription le droit de faire exécuter les travaux par le propriétaire assujetti ?

Non, dirons-nous; car la servitude accessoire, consistant à faire les travaux nécessaires à l'exercice de la servitude principale, est discontinue; donc insusceptible de possession; donc, imprescriptible (art. 691).

Remarquons toutefois que s'il s'élève des doutes à propos du titre, sur le point de savoir si les travaux sont à la charge du fonds servant, leur exécution faite volontairement par le propriétaire de ce fonds pourra être invoquée comme confirmation du titre. Il suffira que la possession ait eu une durée raisonnable, ce que les tribunaux apprécieront.

S'il n'y a pas de doute au sujet du titre constitutif, les travaux resteront toujours à la charge du propriétaire *dominant*.

Quel est le caractère de cette obligation quand elle est imposée au propriétaire du fonds servant ?

L'article 699 *in fine*, nous dit : « Le propriétaire du » fonds assujetti... peut toujours s'en affranchir, en abandonnant ledit fonds au propriétaire du fonds auquel » la servitude est due. »

En effet, il n'est tenu que *propter rem*.

Mais que faut-il entendre par ces mots : *fonds assujetti?* Est-ce seulement la partie déterminée du fonds, sur laquelle s'exerce la servitude? est-ce le fonds tout entier?

En droit, l'article 699 est bien clair ; il faut abandonner tout le fonds assujetti, mais rien que ce fonds ; mais qu'est-ce que le fonds assujetti?

Il y a deux cas où la solution est facile : le premier, quand la servitude s'exerce, par sa nature, sur le fonds tout entier, comme la servitude de fumer un champ, afin d'y établir une pâture : ici le fonds tout entier devra être abandonné, en cas de refus d'accomplir les travaux nécessaires.

Le second cas se présente quand la servitude ne s'exerce que sur une portion déterminée du fonds ; par exemple, un droit de passage qui ne peut s'exercer que par tel ou tel endroit du fonds. Or le reste du fonds servant est libre ; donc l'abandon partiel suffira ici.

Une troisième hypothèse est plus compliquée et plus difficile à résoudre : elle se présentera au cas où le titre constitutif n'a pas établi clairement si c'est la totalité du fonds servant, ou seulement une portion déterminée, qui devra la servitude. Par exemple, on a concédé purement et simplement un droit de passage ; comment s'en règlera l'exercice? La détermination par les tribunaux (art. 683) est alors purement réglementaire ; mais elle n'empêche pas qu'après comme avant, le fonds tout entier ne soit grevé.

Cette solution a sa valeur : car si le passage s'exerçait sur une portion déterminée du fonds, et que cette portion devint impraticable, fût submergée, par exemple, il y aura extinction de la servitude (art. 703) ; au contraire, dans le cas où le titre constitutif ne fixe pas l'endroit où aura lieu le passage, le fonds tout entier sera assujetti à la servitude, tant qu'il existera; et si le passage d'un côté devient impossible, on l'établira d'un autre côté.

L'abandon est un acte *unilatéral* du propriétaire asservi, et auquel ne peut s'opposer le propriétaire dominant; il doit simplement lui être *notifié;* il lui transférera *ipso facto* la propriété du fonds assujetti, en vertu de la volonté, tacitement exprimée, de l'ancien propriétaire.

Il en résulte que l'acte d'abandon devra être transcrit (art. 1 et 2, loi du 23 mars 1855); et tous les droits réels établis sur l'immeuble, précédemment servant, avant la transcription, devront être respectés par le nouveau propriétaire.

Ajoutons encore quelques observations sur le rôle du propriétaire du fonds servant.

L'article 701, dans son deuxième alinéa, nous dit « qu'il ne peut changer l'état des lieux, ni transporter » l'exercice de la servitude dans un endroit différent de » celui où elle a été primitivement assignée. »

Mais le troisième alinéa vient *tempérer* cette règle étroite, en ajoutant que « si cette assignation primitive » était devenue plus onéreuse au propriétaire du fonds » assujetti, ou si elle l'empêchait de faire des réparations » avantageuses, celui-ci pourrait offrir au propriétaire » dominant un endroit aussi commode pour l'exercice de » ses droits, et l'autre ne pourrait s'y refuser. »

Par exemple, le propriétaire asservi veut faire bâtir, et il ne le peut pas à cause d'une servitude de passage sur son fonds; il a un fonds, voisin de celui-là, qui peut procurer au propriétaire dominant un passage aussi commode et aussi utile; il pourra le lui offrir, sans que celui-ci puisse s'y refuser. Remarquons cependant qu'il pourrait y mettre opposition, au cas où il prouverait que le changement lui cause un sérieux préjudice.

Le propriétaire du fonds servant peut-il passer lui-même par l'endroit où il a consenti une servitude de passage ?

Certainement ; car il est toujours propriétaire du terrain où elle s'exerce. Seulement le propriétaire du fonds dominant pourra le forcer de participer aux frais d'entretien dudit passage, s'il en est chargé (art. 698) ; car le propriétaire du fonds servant ne peut rien faire qui rende la servitude plus incommode (art. 701, premier alinéa).

Quid de l'hypothèse où ce fonds est divisé entre plusieurs héritiers ? Le Code n'en a pas parlé, à raison, probablement, de la facilité avec laquelle on peut résoudre la question. Evidemment, le propriétaire du fonds dominant ne peut souffrir de cette division du fonds servant ; car la servitude est indivisible. Seulement, la division de ce fonds pourra fournir un cas d'application de l'article 701, si les divers propriétaires du fonds servant demandent que le passage, si c'est une servitude de passage, soit déplacé et s'exerce sur un seul lot et à un seul endroit. Mais le principe général n'en existe pas moins, après comme avant la division ; l'usage de la servitude sera toujours le *même* pour le propriétaire dominant : le partage du fonds servant est pour lui *res inter alios acta*.

Remarquons, ensuite, d'une façon générale, que le déplacement d'une servitude peut avoir lieu une fois, deux fois, plusieurs fois, si cela est nécessaire, sauf cependant l'appréciation discrétionnaire des tribunaux.

Pourrait-on insérer dans l'acte constitutif une clause portant que le propriétaire servant ne jouira pas des bénéfices que lui accorde le troisième alinéa de l'article 701 ?

Les partisans de l'affirmative s'appuient sur l'article 1134, et disent que la convention fait la loi des parties, et que l'article 701 ne s'oppose pas d'une façon formelle à l'application de l'article 1134.

Nous pensons qu'on ne doit pas admettre une pareille clause, pour plusieurs motifs : d'abord, la faculté de déplacement de l'article 701 est d'intérêt général, puisqu'elle a pour but de faciliter les exploitations agricoles et industrielles ; *elle est donc d'ordre public ;* or on ne peut déroger aux dispositions de ce genre (art. 6). De plus, cette clause deviendrait de *style*, et l'article 701 perdrait toute son utilité.

Demandons-nous maintenant si la faculté de l'article 701 est *réciproque*, et si le propriétaire du fonds *dominant* peut demander, de son côté, le déplacement de la servitude.

Nous ne le pensons pas, car l'article 701 n'a trait qu'au propriétaire assujetti; or, en matière de servitudes, tout est de droit étroit; de plus, l'article 701 a été édicté en faveur de celui qui doit supporter la servitude; les mêmes motifs ne peuvent plus s'appliquer au propriétaire du fonds dominant, qui aurait rarement un intérêt sérieux à changer une servitude de place.

Examinons une autre difficulté : l'article 701 déclare que le propriétaire du fonds servant ne peut rien faire qui tende à diminuer l'usage de la servitude ou à la rendre plus incommode; donc, dit-on, s'il a fait un ouvrage quelconque entravant l'exercice de la servitude, il doit remettre les lieux dans leur premier état, et payer des dommages et intérêts (art. 1382). Mais alors, dirons-nous, devenu obligé personnel en vertu de son délit ou quasi-délit, il ne peut se soustraire, par voie d'abandon, à son obligation envers le propriétaire dominant (art. 701 et 1383).

Demandons-nous alors si cette obligation est purement personnelle, ou si elle ne serait pas plutôt réelle, *in rem scripta*, de manière que ses successeurs à titre particulier, acheteurs, échangistes, y soient tenus, sauf pour eux le droit d'invoquer la faculté d'abandon de l'article 699 ?

Une vive controverse s'est élevée sur cette question.

Pour soutenir que l'obligation est purement personnelle, on s'est appuyé sur l'article 1382 ; la faute résulte ici d'un délit ou d'un quasi-délit ; donc, dit-on, la responsabilité est absolument personnelle. On dit, de plus, qu'un tiers détenteur n'est tenu que *propter rem*, et ici, en particulier, il n'est tenu qu'à *laisser* exercer la servitude ; mais on ne peut le forcer à la réparation du dommage causé par celui qui l'a précédé comme détenteur. Il en résulte que si on peut forcer l'obligé à réparer les conséquences de sa faute envers le propriétaire dominant, un *tiers* qui lui succède dans la détention de l'immeuble assujetti reste complètement *étranger* à cette faute, à cette responsabilité ; donc l'obligation est purement personnelle.

Nous pensons, au contraire, qu'elle est réelle, et opposable, par conséquent, à tout détenteur successif de l'immeuble servant, sauf à celui-ci la faculté d'abandon de l'article 699, et son recours en garantie contre l'auteur du dommage.

Plusieurs motifs nous poussent vers cette opinion.

D'abord, il résulte des articles 698 et 699 que, dans tous les cas où le propriétaire servant est tenu quant à l'exercice de la servitude, par le propriétaire dominant, cette obligation est réelle et se transmet passivement à tous les tiers détenteurs. Or l'article 701, alinéa 1, nous dit que son obligation consiste à se tenir dans *l'abstention* la plus complète ;

il ne l'a pas fait, il a nui à l'exercice de la servitude ; la réparation du dommage causé est donc réelle, et transmissible même aux successeurs particuliers du propriétaire asservi.

A l'objection qu'on nous fait, que la responsabilité est purement personnelle, nous répondrons que cette responsabilité ne retombe pas sur le propriétaire servant, mais sur le fonds qui doit la servitude ; donc ce fonds doit toujours répondre des faits de son propriétaire, qui l'administre et le représente ; peu importe par conséquent si le propriétaire a changé, si le fonds a passé d'une main dans une autre. Disons donc que le tiers détenteur est tenu, sauf son recours contre son auteur.

Ce que nous disons ici des dégradations commises par le propriétaire du fonds servant, nous le dirons aussi, par identité de motifs, pour le propriétaire du fonds dominant; s'il a empiété sur son droit de servitude, ou s'il a dégradé le fonds servant (art. 702), il pourra être tenu de détruire les travaux exécutés, ou de réparer le dommage causé, avec dommages et intérêts (art. 1382) ; l'obligation sera réelle, et aura lieu contre tout détenteur du fonds dominant, car la servitude, avec toutes les obligations qui s'y rattachent, est réelle activement et passivement, pour l'un comme pour l'autre héritage. (Comp. M. Demol., t. XII, nos 896 et 897.)

SECTION III

Servitudes qui sont le plus en usage.

Nous n'avons pas la prétention d'énumérer toutes les servitudes qu'on peut créer, car elles sont aussi variées que les diverses expressions de la volonté humaine. L'article

696 dit, en effet, qu'on peut constituer *telles servitudes que bon semblera*.

Toutefois il y a un certain nombre de servitudes qui sont particulièrement employées dans la pratique ; ce sont surtout celles que les Romains citent dans les Institutes et dans le Digeste ; il y en a douze principales qui méritent un examen spécial :

1° La servitude *d'aqueduc*.

Elle consiste dans le droit de faire traverser le fonds voisin par un cours d'eau; elle peut dériver de la situation des lieux (art. 640, 641 ; loi du 29 avril 1845); mais elle peut aussi être stipulée et déterminée, quant à ses conditions, par le titre constitutif. Elle est continue et apparente (art. 688 et 689).

2° La servitude *d'égoût*.

Si elle constitue, par la force des choses, une servitude légale quant aux eaux pluviales (art. 681), elle peut aussi, par stipulation, s'appliquer aux eaux ménagères; elle sera toujours continue (art. 688); les circonstances détermineront si elle est apparente ou non.

3° La servitude *de vue*, qu'on appelle aussi servitude *de jour* ou *de prospect*.

Il y aura servitude *de jour* (et nous commençons par celle-là, parce qu'elle est la moins étendue des trois), quand on aura seulement le droit de recevoir *le jour*, sans pouvoir regarder dans le fonds assujetti; ce sont les jours dits *de souffrance* (art. 676 et 677).

Il y aura servitude *de vue*, quand on pourra avoir des vues droites ou obliques à une distance de l'héritage voisin telle que l'exigent les articles 678, 679 et 680. Le titre fixe le plus souvent les dimensions que pourront avoir les fenêtres ou jours.

Si le titre constitutif n'en a pas parlé, le propriétaire servant aura-t-il le droit de bâtir ou de planter ?

C'est une question de fait ; ce qu'on examine, c'est la question de savoir si la prescription de l'article 701, 1er alinéa, a été observée, si l'usage de la servitude est toujours le même. Aussi la jurisprudence a fort varié sur cette question. (Voy. Paris, 13 fév. 1853, Dall. P. 55-1-211 ; et Cassat. 31 juill. 1855, Dev. 56-1-393.) Remarquons toutefois qu'on ne pourrait bâtir tellement près du fonds dominant, que la vue des fenêtres en fût complètement empêchée. Mais on pourrait planter ; on pourrait aussi établir une construction basse.

La servitude *de prospect* est la plus étendue des trois.

C'est alors qu'il n'est plus permis au propriétaire du fonds servant de rien bâtir ni planter qui puisse diminuer l'agrément de la vue dont jouit le fonds dominant.

Pourrait-il y établir une mare, un égoût ? Nous ne le pensons pas, par le même motif. Ce sont, du reste, toutes questions de fait, qu'on ne peut trancher qu'après avoir examiné toutes les circonstances, la situation des lieux, et surtout le titre, s'il dit quelque chose de positif à ce sujet.

4° Servitude *de ne pas bâtir, ou de ne bâtir que jusqu'à une certaine hauteur.*

Cette servitude, sauf titre contraire, sauf aussi appréciation des tribunaux, embrasse le fonds servant tout entier, de sorte qu'il sera aussi défendu de bâtir, ou de bâtir au delà d'une certaine hauteur, dans une partie du fonds éloignée du fonds dominant, que dans une partie plus rapprochée.

Mais on pourra planter sur le fonds servant ; car la servitude ne prohibe absolument *que les constructions*, et elle est de droit étroit.

5° Servitude permettant *d'appuyer sa maison ou son mur contre la maison ou le mur du voisin.*

Cette servitude, que les Romains appelaient du nom d'*oneris ferendi*, était la seule qui obligeât le propriétaire asservi à *faire*; il devait, en effet, réparer, quand il le fallait, le mur de soutènement.

Notre Code ne fait pas allusion à cette particularité, qui est donc *supprimée;* mais le titre constitutif peut toujours la rétablir (art. 698).

Disons deux mots de la servitude de « placer des poutres » dans le mur du voisin »; c'est la servitude *tigni immittendi* des Romains. Elle ressemble assez à la précédente; mais elle est *plus restreinte* et moins gênante. Quand les poutres devront être remplacées pour cause de vétusté, rien n'empêche que le propriétaire dominant ne fasse ce remplacement à ses frais; la servitude est, en effet, perpétuelle.

6° Servitude *d'avancer un balcon, un toit ou un ouvrage en saillie sur le fonds du voisin.*

Cette servitude, que les Romains appelaient *servitus projiciendi*, se rapproche des deux précédentes; mais elle en diffère en ce que son appui n'a pas lieu sur le fonds servant; c'est le bâtiment du fonds dominant qui soutient les ouvrages en saillie.

7° Servitude *de passage.*

C'est la plus en pratique, et la plus féconde en contestations, tellement son exercice est varié. Les Romains l'appelaient, suivant son étendue, *iter, actus, via.* En effet, on peut passer, par tel fonds, mais non pas par tel autre; on passera seul, ou accompagné si l'on veut;

à pied seulement, ou à cheval, ou en voiture; à certaines époques de l'année seulement, ou pendant toute l'année; à toute heure, ou seulement à certaines heures, etc.

On voit que, pour éviter les contestations sur l'interprétation d'un titre de ce genre, il faut que les parties aient bien réglé les conditions d'exercice du droit de passage; sinon, cette servitude est une source de procès.

8° Servitude *de puiser de l'eau*.

Elle s'explique toute seule, et peut être stipulée pour toute sorte de besoin tant pour une maison, que pour un jardin, que pour une usine, que pour une exploitation agricole.

Si le titre fixe la quantité d'eau qui pourra être puisée chaque jour, on s'y référera; sinon, on la calculera d'après les besoins du fonds dominant, sauf interprétation des tribunaux en cas de contestation.

9° Servitude *d'abreuver un troupeau*.

On la comprend très bien aussi. Si le titre règle le mode d'exercice de cette servitude, les parties l'observeront; sinon, ce sera une question d'interprétation d'après les circonstances de la cause. Mais la base de l'exercice se fondera toujours sur l'obligation du propriétaire dominant, de ne pouvoir mener à l'abreuvoir servant que les animaux placés sur le fonds dominant pour la culture et l'exploitation de ce fonds; peu importe leur remplacement, par suite de mort ou d'aliénation. Ce n'est qu'à cette condition que la servitude est prédiale.

Il n'y aurait, au contraire, qu'un service *personnel*, une obligation plus ou moins temporaire dans le droit d'abreuvage, stipulé pour des animaux, qui *ne serviraient pas à* l'exploitation du fonds dominant, mais qui feraient l'objet d'un commerce absolument exclusif (arg. de l'art. 637).

10° Servitude *de pâturage.*

Les articles 688 et 689 la rangent parmi les servitudes discontinues et non apparentes.

Ici, encore, le droit de pâturage n'existe que pour les animaux placés sur le domaine dominant en vue de son exploitation.

La loi des 28 septembre-6 octobre 1791, et le Code forestier, dans ses articles 64 et suivants, règlent les conditions d'exercice des droits de pacage, au profit des communes, dans les bois et forêts de l'Etat.

Il faut aussi se reporter au Code forestier, article 117 et suivants[1], pour voir quels sont les droits de pâturage dans les bois des particuliers.

11° Servitude *de pressurage.*

Au sujet de cette servitude, demandons-nous à la charge de qui seront les réparations à faire au pressoir du propriétaire servant ? En général, on divise la dépense entre ce propriétaire et le propriétaire dominant, en proportion du temps pendant lequel chacun peut en user. (Voy. Caen, 23 janvier 1849, Dev. 49-2-718.)

12° Servitude consistant « *à prendre* de la marne, de » la pierre, du sable, etc., dans le fonds d'autrui; *d'y* » *faire cuire de la chaux.* »

Ces servitudes, que les Romains nous ont fait connaître, par le grand usage qu'ils en faisaient, doivent, si le titre constitutif ne dit le contraire, être raisonnablement limitées aux besoins du fonds dominant.

CHAPITRE IV

Modes d'extinction des servitudes.

Le Code, dans la section IV de notre chapitre III des servitudes (art. 703 à 710), ne cite que trois modes d'extinction :

1° « Un changement dans l'état des lieux tel, que » l'on ne peut plus user de la servitude » (art. 703-704) ;

2° « La confusion, ou réunion des fonds dominant et » servant dans la même main » (art. 705) ;

3° « Le non-usage pendant trente ans » (art. 707-708).

Ajoutons-y les modes d'extinction de droit commun, qui sont les suivants :

4° « La renonciation à la servitude, de la part du » propriétaire du fonds dominant ; »

5° « La résolution du droit du constituant, ou de » celui à qui la constitution a été faite; »

6° « L'expiration du terme, ou l'avènement de la con- » dition, » si ces modalités ont été apposées;

7° « L'expropriation forcée pour cause d'utilité pu- » blique, soit du fonds dominant, soit du fonds ser- » vant. »

SECTION I

Changement dans l'état des lieux, qui rend impossible l'usage de la servitude.

Ce mode d'extinction est prévu par les articles 703 et 704, auxquels il faut adjoindre l'article 665.

Article 703 : « Les servitudes cessent, quand les » choses sont dans un tel état, qu'on ne peut plus en » user. »

Article 704 : « Elles revivent si les choses sont » rétablies de manière qu'on puisse en user ; à moins qu'il » ne se soit déjà écoulé un espace de temps suffisant » pour faire présumer l'extinction de la servitude, ainsi » qu'il est dit à l'article 707. »

Article 665. « Lorsqu'on reconstruit un mur mitoyen » ou une maison, les servitudes actives et passives se » continueront à l'égard du nouveau mur et de la nou- » velle maison, sans toutefois qu'elles puissent être » aggravées, et pourvu que la reconstruction se fasse » avant que la prescription soit acquise. »

Si nous combinons ces trois articles, nous arriverons à faire la distinction suivante : *ou* le fait qui a rendu impossible l'exercice de la servitude est définitivement irréparable ; alors la servitude est éteinte pour toujours (art. 703) ; *ou*, au contraire, le changement qui s'est produit est réparable, et ne rend pas impossible à jamais l'exercice de la servitude ; dans ce cas, la servitude revivra, en vertu des articles 704 et 665, pourvu que le non-usage n'ait pas duré trente ans.

A. Nous nous proposons d'abord d'examiner les cas

où le changement dans l'état des lieux est tel, qu'il ne peut plus jamais y avoir d'exercice de la servitude ?

Ce sera souvent une question de fait et d'appréciation. Cependant on peut établir cette règle générale : il y aura impossibilité absolue d'user de la servitude, quand le fonds servant ne pourra plus procurer au fonds dominant les services qui faisaient l'objet de la servitude, ou quand le fonds dominant sera hors d'état d'en profiter. Supposons, par exemple, qu'un fonds qui est soumis à une servitude de passage, est emporté par les eaux; il n'y a plus de servitude, dans l'espèce, et le propriétaire servant ne sera tenu à aucune indemnité envers le propriétaire dominant.

Peu importe, d'ailleurs, que les changements aient été produits par le hasard, par un cas de force majeure, ou par un fait licite de la part d'un tiers. Ainsi le droit de passage, que je dois sur mon fonds, pourra s'éteindre par suite d'un éboulement qui aura bouleversé mon fonds, éboulement produit par des fouilles qu'un voisin exécute d'une façon licite (art. 552, al. 3).

Mais il en serait autrement, si l'impossibilité d'exercer la servitude provenait de changements opérés, soit par le propriétaire du fonds servant, car l'article 701, alinéa 1, l'empêche de porter la moindre aggravation à la servitude, soit par un tiers agissant d'une façon illicite. Alors la servitude ne cesserait pas dans le sens de l'article 703, et le maître du fonds dominant aurait une action contre le propriétaire servant ou contre le tiers, pour les obliger à rétablir les lieux en leur état primitif, et aussi pour en obtenir accessoirement des dommages et intérêts, en vertu de l'article 1382.

Mais que décider, si ces changements déterminant l'impossibilité d'user ont été opérés par le propriétaire dominant lui-même ?

M. Demolombe (t. XII, n° 971) pense que l'extinction aura lieu ; car l'article 703, dit-il, ne distingue pas.

Nous ne pensons pas qu'on puisse décider d'une façon aussi absolue. Oui, s'il résulte des circonstances que le propriétaire dominant a voulu ainsi faire une remise tacite de la servitude ; ou encore, si le changement a duré pendant trente ans (art. 706) : on pourra dire qu'il y a extinction de la servitude dans les deux cas. Mais nous n'admettons pas que le changement apporté à l'exercice d'une servitude puisse anéantir cette servitude, quand le propriétaire peut revenir à tout moment sur ce changement ; ce serait différent, s'il était irrémédiable ; car alors, pas d'exercice possible, donc pas de servitude.

Supposons maintenant que l'impossibilité d'user de la servitude n'est pas totale, et n'existe que pour une partie, soit du fonds servant, soit du fonds dominant ; quel en sera le résultat ?

Il faut distinguer :

Si la servitude est indivisible et exigible de la part de toutes les parties du fonds servant, si c'est, par exemple, un droit général de passage, l'article 703 ne sera pas applicable, et il n'y aura pas d'extinction complète pour la servitude ; on pourra exercer le droit de passage sur une autre partie du fonds. (Cassat. 9 déc. 1857. Dall. P. 58-1-110.)

Si la servitude est susceptible de division matérielle, et, si elle consiste, par exemple, à puiser cent mesures d'eau, et que la source diminue de moitié ; on appliquera alors l'article 703, en ce sens que la servitude sera éteinte pour moitié.

Remarquons qu'un changement qui n'enlèverait pas à une servitude toute espèce d'utilité, sera insuffisant pour la faire cesser. Ainsi, une servitude de ne pas bâtir, ne sera pas éteinte par suite de l'établissement d'une rue qui séparerait les deux fonds dominant et servant. (Cassat. 3 mai 1851, Dev. 1851-1-409.)

B. Quels seront les cas d'application de l'article 704; en d'autres termes, quand le rétablissement des choses dans leur état primitif permettra-t-il d'user de nouveau de la servitude ?

C'est une question de fait; il faudra, d'une façon générale, que le mode d'exercice de la servitude, après le rétablissement de l'état primitif, ne soit aucunement différent du mode d'exercice qui existait au moment du changement. Il faut, par exemple, que la source qui s'est tarie recommence à couler de la même manière.

Que décider, au cas où les choses sont rétablies dans un état, sinon identique, du moins analogue à celui qui existait auparavant ?

Bien des auteurs pensent, en présence des termes généraux de l'article 704, que cet article peut être appliqué aux cas d'analogie, pourvu, bien entendu, que la servitude n'en soit pas aggravée d'une façon sensible; les tribunaux apprécieront.

Ce principe du rétablissement des servitudes en vertu de l'article 704, est surtout remarquable dans l'hypothèse prévue par l'article 665, lorsqu'il s'applique à un mur, une maison, un bâtiment quelconque, qui, après avoir été détruit ou démoli, vient à être relevé, reconstruit : la substance de l'ancienne construction avait péri; peu importe que l'on ait reconstruit à la même place, avec les mêmes matériaux et dans les mêmes conditions; l'édifice reconstruit sera toujours une construction nouvelle ; on applique ce principe à toutes les servitudes urbaines, qui supposent précisément l'idée d'une construction.

Quant aux servitudes rurales, on comprend mieux le principe. En effet, si un fonds a été englouti par une inondation, et que ce fonds soit grevé, par exemple, d'une servitude de passage, la servitude sera bien anéantie ; mais si les eaux se retirent : alors le fonds reparait, et avec lui toutes les charges qui le grevaient, tout comme si un changement ne s'était pas produit momentanément.

Les articles 704 et 665 ne distinguent pas, du reste, entre les servitudes urbaines et les servitudes rurales, quant à leur renaissance par le rétablissement des choses dans leur état primitif. En pratique, ce seront les servitudes urbaines qui en profiteront le plus souvent ; cependant, ces articles auront aussi une utilité pour les servitudes rurales, au cas où une source s'est tarie subitement, et au cas de l'envahissement d'un champ par les eaux.

Pour pouvoir profiter des avantages qui résultent des articles 704 et 665, il sera prudent au propriétaire du fonds dominant de faire constater contradictoirement avec son voisin l'état des lieux tel qu'il existe au moment de la démolition.

S'il ne l'a pas fait, et qu'il n'y a pas de titre pour trancher la question, peut-il employer la preuve par témoins pour prouver qu'il avait une servitude ? Supposons, dans l'espèce, que la servitude est continue et apparente.

Ceux qui prétendent qu'il n'y a pas lieu d'admettre la preuve testimoniale, s'appuient sur les articles 1341 et 1348 ; il s'agit ici, disent-ils, d'une valeur indéterminée, donc supérieure à cent cinquante francs ; d'un autre côté, le propriétaire dominant avait parfaitement la possibilité de se procurer une preuve écrite; donc l'article 1348 n'est pas admissible dans l'espèce, à moins pourtant qu'on ne suppose que le bâtiment se sera écroulé par suite de vétusté, ou a été détruit par un cas de force majeure.

Nous ne suivrons pas ce système, pour deux raisons : d'abord, nous nous appuyons sur l'article 690 pour dire, avec cet article, qu'à défaut de titres, la possession que nous pouvons invoquer comme cause d'établissement d'une servitude admet la preuve testimoniale ; c'est précisément le cas que nous examinons ici. De plus, la rédaction d'un procès-verbal de l'état des lieux après démolition n'est exigée nulle part, ni dans l'article 704, ni dans l'article 665 ; c'est donc la preuve de la possession pendant trente ans qui est seule nécessaire dans l'espèce ; or nous venons de dire que cette preuve peut se faire par témoins.

C. Examinons enfin la condition apposée au rétablissement de la servitude, par la fin de l'article 704, à savoir que ce rétablissement devra être fait avant qu'il se soit accompli trente ans depuis la cessation de l'exercice de la servitude.

Ce délai de trente ans, après lequel il n'y a plus de servitude, est-il une prescription véritable, soumise aux règles édictées par les articles 2228 et suivants ; ou bien est-ce, au contraire, un délai préfix et invariable ?

L'intérêt de cette question, fort controversée du reste, est considérable, et l'on peut ramener à cinq points les différences qui séparent les deux manières de voir :

1° Les prescriptions et les déchéances diffèrent quant à la nature de leur *objet*. — La prescription libératoire ou extinctive s'attaque, en général, à des droits préexistants, créés par la convention des parties, et dont la loi ne fait que réglementer la durée (art. 2271, 2272 et suiv.). — Les déchéances, au contraire, frappent des droits créés directement par le législateur, qui a réglementé et leur existence et leur durée (art. 880, 1622, 1676, 2102, etc.).

2° Quant à leurs *effets*, la prescription libératoire ou extinctive n'engendre qu'une exception, tandis que la déchéance, plus absolue dans ses conséquences, engendrera une action (art. 1188). Le titulaire d'une créance à terme pourra poursuivre de suite son débiteur, si celui-ci a, par son fait, diminué les sûretés données par le contrat, afin de le faire déclarer déchu du bénéfice du terme.

3° En général, les déchéances doivent être suppléées par le juge, quand les parties omettent de les invoquer : il en est ainsi des délais d'appel et d'ordre, qui entraînent une forclusion nécessaire. Au contraire, l'exception de prescription, qui intéresse tout particulièrement la délicatesse et l'honneur, ne peut pas être suppléée par le juge, quand les parties ne s'en prévalent pas (art. 2223).

4° La prescription ne court pas absolument contre toute personne ; elle a ses causes de suspension (art. 2252 et suiv.). Rien, au contraire, ne peut suspendre une déchéance : car elle s'attaque à des facultés qui constituent des concessions faites par la loi : or la loi, n'étant pas obligée de les créer, pouvait, à plus forte raison, les restreindre.

5° Tout individu majeur et capable peut renoncer à la prescription acquise (art. 2220 et 2222). Au contraire, on ne peut pas toujours renoncer au bénéfice d'une déchéance acquise.

Ainsi on ne pourrait, par convention, renoncer à la déchéance résultant de ce que l'appel d'un jugement en premier ressort n'a pas été interjeté dans le délai de deux mois, et que le jugement est donc passé en force de chose jugée. Il est bien certain que les tribunaux s'opposeront à ce que l'appel soit interjeté après les deux mois pendant lesquels il pouvait exister d'après la loi, et ce malgré toute convention contraire des parties en litige. Il y a cependant des déchéances auxquelles on pourra valablement renoncer : ainsi la déchéance de l'action en rescision en matière de vente (art. 1676) ; l'intérêt privé est ici seul engagé, mais non l'ordre public.

De toutes ces différences, déduisons les conséquences dans les deux cas.

Si l'on reconnaît que, dans l'article 704 *in fine*, il y a un délai préfix et invariable, comme il courra toujours, il en résulte :

1° Qu'il courra même contre les mineurs et les interdits, et que la suspension de l'article 2252 sera inapplicable dans l'espèce ;

2° Qu'il ne pourra être interrompu ni par une reconnaissance du propriétaire servant, ni par une assignation et une demande en déclaration de servitude par le propriétaire du fonds dominant (art. 2245).

Si, au contraire, l'on admet les règles de la prescription dans le cas de l'article 704 *in fine*, on en conclut :

1° Que cette prescription ne courra ni contre les mineurs ni contre les interdits (art. 2252) ;

2° Qu'elle courra contre un majeur, qui pourra en interrompre le cours par une sommation (art. 2242, 2245).

Ces prémisses posées, lequel des deux partis allons-nous prendre ?

Un grand nombre d'auteurs se rallient à l'opinion qui voit dans l'article 704 *in fine* un délai invariablement fixé par la loi, et cela pour deux raisons :

1° La loi a considéré que lorsque trente ans s'étaient

écoulés, il y a eu un changement absolu dans l'état des choses, et que c'était un état nouveau qui se présentait, si par exemple l'eau reparaissait dans la source, précédemment tarie. C'est déjà beaucoup dire qu'après vingt-neuf ans et onze mois, c'est la même source qui reparait. Or, en matière de servitudes, il faut suivre le texte à la lettre, et si la loi déclare que, pendant trente ans, la source est la même, il faut l'admettre, sans vouloir aller au delà.

2° On ajoute que, si ce délai n'est pas invariable, il faudra admettre qu'au bout d'un siècle, si le propriétaire dominant prend la précaution d'interrompre, on pourra représenter un titre constatant qu'il a existé une servitude, et que, même alors, ce titre la ferait renaître : or ce résultat est absurde. Ce n'est donc pas une prescription qu'il y a ici, c'est un délai préfix.

Nous ne pouvons nous arrêter à cette opinion, quoiqu'elle soit assez sérieuse, et nous disons qu'on ne peut appliquer à l'article 704 *in fine* que les règles de la prescription ordinaire.

L'article 665 admet, en effet, que les servitudes se continuent à l'égard du nouveau mur et de la nouvelle maison, *pourvu*, ajoute-t-il, *que la reconstruction se fasse avant que la prescription soit acquise*. Il s'agit donc ici d'une prescription, qui sera suspendue vis-à-vis des mineurs, et interrompue par les majeurs au moyen d'une assignation. Cette déduction, tirée des termes de l'article 665, doit nous faire décider que le délai de l'article 704 est une prescription ordinaire (M. de Folleville, *à son cours*).

Demandons-nous quel est le point de départ de cette prescription? Du jour où on a cessé d'exercer la servitude, et quelle que soit la servitude.

Remarquons aussi que si le non-usage avait commencé avant l'événement qui a rendu impossible l'exercice de la servitude, la prescription prendrait son cours, non à dater de cet événement, mais à partir du non-usage, suivant la distinction établie par l'article 707.

SECTION II

De la confusion.

L'article 705 nous dit que « toute servitude est éteinte » lorsque le fonds à qui elle est due, et celui qui la doit, » sont réunis dans la même main. »

Mais il faut, de plus, pour que cette extinction ait lieu :

1° Que la confusion soit *totale*.

Si la moitié seulement, ou une portion quelconque de l'un des deux fonds appartenait au propriétaire de l'autre fonds, la servitude ne serait pas éteinte : elle peut, en effet, s'exercer par fraction, sans qu'il y ait confusion : si elle consiste en un droit de passage, le parcours sera diminué par le fait, mais il aura encore un droit de passage. Il faut donc, pour qu'il y ait extinction, que les deux fonds soient confondus en entier dans la même main.

2° Que la confusion soit *irrévocable*.

Il peut arriver que l'acte de translation d'un des fonds au propriétaire de l'autre soit vicié, ou nul ; alors ce fonds retournant à son ancien propriétaire, la servitude renaît, ou plutôt elle n'a jamais été éteinte. Il peut arriver aussi que le titre d'acquisition soit résolu par l'accomplissement d'une condition quelconque (art. 1183, 1673, 1681, etc.), ou rescindé pour cause d'incapacité (art. 1304).

pour vice de consentement (art. 1117), ou que l'acquéreur soit évincé ; l'article 2177 dit aussi que les servitudes et droits réels que le tiers détenteur avait sur l'immeuble, avant sa possession, renaissent après le délaissement ou après l'adjudication faite sur lui.

Si les deux héritages se séparent, au contraire, par suite d'une aliénation postérieure à l'époque de leur confusion, les effets de cette confusion subsistent tels qu'ils étaient (Comp. M. Demol., t. XII, n° 985).

La servitude éteinte ne revit donc pas, et il faudrait une nouvelle clause d'établissement de servitude, pour que l'un des deux fonds fût grevé envers l'autre. Cette cause pourrait être, soit un titre exprès et formel, soit la destination du père de famille ; et ce dernier mode d'établissement peut se réaliser assez souvent, lorsqu'on a laissé subsister les signes apparents de l'ancienne servitude, qui a été éteinte par confusion ; car alors on se trouverait dans les termes de l'article 694.

SECTION III

Du non-usage pendant trente ans.

De même que l'article 617 l'édicte pour l'usufruit, comme moyen d'extinction, de même les articles 706, 707 et 708 l'examinent au point de vue des servitudes.

Pourquoi a-t-on admis ce mode d'extinction vis-à-vis des servitudes ?

On en donne trois motifs principaux :

D'abord on suppose qu'en n'exerçant pas la servitude pendant la durée assez longue de trente années, le propriétaire y a renoncé tacitement ; ensuite, on a dit que c'était une peine infligée, en quelque sorte, au propriétaire pour le punir de sa négligence à exercer son droit; enfin, il y a une présomption légale que celui qui reste si longtemps sans user de son droit, n'en a pas besoin et ne le trouve pas utile; donc il doit être éteint (art 706).

Deux choses peuvent être prescrites par suite du non-usage :

1° La servitude, et aussi 2° le mode de l'exercer.

1° *Extinction de la servitude par le non-usage.*

L'article 706 dit simplement et d'une façon générale : « La servitude est éteinte par le non-usage pendant trente » ans. »

Donc toute servitude, qu'elle soit continue ou discontinue, apparente ou non apparente, s'éteindra quand le propriétaire du fonds dominant ne l'aura pas exercée pendant l'espace de trente ans. Remarquons donc que l'acquisition et l'extinction par la prescription de trente ans diffèrent quant aux servitudes qui ne sont pas en même temps continues et apparentes; on ne pourra les acquérir par une possession même immémoriale, mais on pourra les éteindre par une prescription trentenaire, parce qu'on peut les exercer toutes.

A. Il faut qu'il y ait *non-usage;* mais que ce non-usage soit absolu, c'est-à-dire qu'il n'ait pas été fait un seul acte d'exercice pendant les trente ans. Peu importe par qui cet acte aurait été fait, que ce soit par le propriétaire, le fermier, le locataire, le possesseur de bonne ou de mauvaise foi, ou un étranger : Celsus dit, en effet : *satis est fundi nomine itum esse.*

De même, l'un des copropriétaires du fonds dominant pourra conserver le droit de tous les autres, en exerçant la servitude. On suppose d'abord qu'il y a eu mandat à ce sujet entre copropriétaires (arg. de l'art. 1859); on s'appuie aussi sur l'indivisibilité de la servitude, qui fait que si l'un jouit du droit de servitude, il conserve la jouissance des autres (art. 709); si l'un d'eux, comme mineur, peut faire suspendre le cours de la prescription pendant sa minorité, cette suspension profitera aux autres (art. 710).

B. Il faut que le non-usage *ait duré trente ans* (art. 706).

On se demande, à propos de cette durée, si elle peut être plus longue que trente ans, et si elle peut être plus courte.

Peut-elle être plus longue que trente ans ?

Non, car l'article 706 est des plus formels; il édicte la durée de trente ans; et nous ne voyons pas, à la suite de cet article, d'exception à cette règle stricte.

Peut-elle être plus courte que trente ans?

Cette question est plus grave, et assez difficile, en ce sens qu'elle revient à se demander si la prescription de dix ou vingt ans, accordée à l'acquéreur par juste titreet de bonne foi d'un immeuble, par l'article 2265, peut s'appliquer ici pour l'extinction de la servitude par le non-usage ?

Beaucoup de jurisconsultes et nombre d'arrêts penchent du côté de l'affirmative, et s'appuient d'abord sur l'article 2180, qui dit que les hypothèques peuvent s'acquérir par la prescription de dix ou vingt ans : or, disent-ils, la servitude s'acquiert comme le droit d'hypothèque; donc elle s'éteint de même. Ils ajoutent que le droit d'usufruit peut s'acquérir et s'éteindre par la prescription de dix ou vingt ans, bien que l'article 617 dise qu'il ne s'éteint que par le non-usage pendant trente ans : donc la servitude doit s'éteindre de même.

Nous n'adopterons pas ce système pour les raisons suivantes :

L'article 706, comme nous l'avons dit plus haut, fixe un délai de trente ans; le Code a voulu certainement, par la fixation d'un délai aussi invariable, éviter l'emploi de divers délais qui embrouilleraient la matière; et comme l'article 2264 prend soin de *renvoyer*, quant à la prescription sur des objets *spéciaux*, aux titres qui les concernent, nous voyons que le délai de l'article 706 est unique et invariable. De plus, la comparaison de l'usufruit et de la servitude, que fait le système adverse, est inexacte; s'il est vrai que l'usufruit est un démembrement distinct de la propriété, susceptible d'une appropriation *per se*, la servitude n'est qu'une charge, une qualité de l'immeuble. Enfin il ne s'agit ici que de la prescription libératoire, tendant à éteindre une servitude; au contraire, l'article 2265 n'a trait qu'à la prescription acquisitive, et n'est pas applicable au cas actuel. Quant à l'article 2180 et à l'hypothèque qu'on veut assimiler à une servitude, nous dirons que cet article est *spécial à* la matière des hypothèques; de plus, l'article 2180 suppose que si un tiers détenteur veut prescrire, la prescription ne court à son profit que du jour où il a transcrit son titre sur les registres du conservateur des hypothèques, en supposant qu'il ait un titre : or ici, dans le cas qui nous occupe, il ne s'agit pas d'un titre à transcrire, mais d'une prescription; rejetons donc l'application de l'article 2180 qu'on nous propose.

Demandons-nous, à présent, quel est le point de départ des trente ans?

L'article 707 nous répond en ces termes : « Les » trente ans commencent à courir, selon les diverses » espèces de servitudes, ou du jour où l'on a cessé de » jouir, lorsqu'il s'agit de servitudes discontinues, ou du

» jour où il a été fait un acte contraire à la servitude, » s'il s'agit de servitudes continues. »

Cette distinction est-elle irréprochable ?

Non, elle n'est pas exacte quant au point de départ du délai de trente ans, attendu que ce point de départ date du jour où on a cessé d'user de la servitude sans distinguer entre les diverses sortes de servitudes.

Mais voici en quoi la distinction est vraie. Si les servitudes sont discontinues, le point de départ du délai est le jour de la cessation d'exercice de la servitude.

Ce principe est très simple, très clair, et cependant on a voulu distinguer entre les servitudes discontinues qui sont apparentes *et* celles qui ne le sont pas.

On a prétendu que les servitudes discontinues, qui sont en même temps apparentes, comme le droit de passage par un chemin tout tracé et par une porte établie dans le mur du propriétaire dominant, n'ont point comme point de départ la cessation d'exercice de la servitude, mais, dans notre espèce, le moment où la porte a été bouchée, où le chemin a été labouré pour qu'il n'en reste plus trace; car autrement, dit-on, la porte ouverte dans le mur, le chemin tracé sur le fonds restent toujours comme les témoins de la servitude et protestent contre la liberté du fonds servant; *per signum retinetur signatum*, disait une maxime de l'ancien droit; le défaut d'exercice de la servitude pendant trente ans ne serait donc pas suffisant pour arriver à éteindre la servitude.

Nous répondons à ce système, qui n'est pas le nôtre, en opposant les termes de l'article 707 qui sont bien formels : il ne distingue pas, en effet, entre les servitudes discontinues apparentes, et celles qui ne sont pas apparentes; il ne fait la distinction qu'entre servitudes *continues* et servitudes *discontinues*, et il dit formellement, quant aux secondes, que les trente ans ne commenceront à courir, que du jour où l'on aura cessé de jouir de la servitude.

Nous voyons de même que si l'on exige un acte contraire à la servitude, quand il s'agit de servitudes continues, l'article 707 ne distingue pas non plus entre les servitudes continues et apparentes, et les servitudes continues et non apparentes.

Pourquoi le Code exige-t-il un *acte contraire à* la servitude, pour faire courir le délai de trente ans, si la servitude est continue?

Supposons une servitude de vue; pourquoi le propriétaire de la fenêtre n'a-t-il rien à faire, et ne perdra-t-il pas son droit par le non-usage tout seul, quand même il durerait trente ans? C'est que la servitude de vue *s'exerce par elle-même*. Donc, pour l'anéantir, il faut qu'il ait été établi un obstacle à cette vue, par exemple, un mur très rapproché de la fenêtre, pendant trente ans, et sans que le propriétaire dominant ait élevé aucune réclamation.

Au contraire, une servitude discontinue existe *par l'usage qu'on en fait*, puisque ce sont des actes intermittents de l'homme qui en font l'utilité; un droit de passage, par exemple, ne me sera utile que quand je m'en servirai. Par conséquent, si, propriétaire dominant, je n'exerce pas la servitude par des actes fréquents, ou au moins par un acte unique pendant l'espace de trente ans, je parais bien renoncer tacitement à mon droit; il sera éteint par suite du non-usage prolongé.

Qui doit exécuter l'acte contraire à la servitude, quand elle est continue?

Ce pourra être le propriétaire du fonds servant, ou un de ses locataires, ou même des tiers.

Mais supposons que ce soit le propriétaire du fonds *dominant*, qui, par exemple, bouche lui-même la fenêtre lui procurant la servitude de vue; que décider dans ce cas?

Un auteur des plus considérables, M. Pardessus, a enseigné que l'acte ne pouvait être fait que par le propriétaire asservi; car, dit-il, l'acte de protestation contre la servitude ne peut émaner que du fonds qui la doit.

Mais nous ne pourons nous arrêter à ces raisons, surtout en présence des termes formels de l'article 707, qui dit : « Du jour où il a été fait un acte, etc., » et ne distingue pas quel était l'auteur de l'acte.

Remarquons enfin, que celui qui doit la servitude, peut renoncer à la prescription qu'il a acquise par suite du non-usage (art. 2220).

2° *Extinction du mode d'exercice de la servitude.*

L'article 708 nous dit que « le mode de la servitude peut » se prescrire comme la servitude même, et de la même » manière. »

Qu'entend-on par *mode d'une servitude?* On entend ainsi les diverses manières dont on peut exercer une servitude.

Par exemple, on pourra user du droit de passage de bien des façons ; ne pouvoir passer qu'à pied, ou, au contraire, pouvoir se servir aussi d'une voiture ; ne pouvoir passer qu'à certaines heures ou à certaines époques de l'année, ou, au contraire, avoir le droit de passer nuit et jour et indéfiniment.

Il faut supposer, bien entendu, que le titre constitutif a réglé le mode d'exercice de la servitude, sinon elle pourra être exercée de la manière la plus étendue que peut entendre la loi.

Au sujet de l'article 708, examinons plusieurs hypothèses :

A. On n'a fait *aucun* usage de la servitude. Dans ce cas, le mode d'exercice sera prescrit en même temps que la servitude elle-même, au bout de trente ans (art. 706 et 708).

B. On a fait *plus* que ne comportait le mode d'exercice de la servitude.

J'avais le droit de prendre chez le voisin, à sa source, 50 mesures d'eau, et j'en ai pris 100.

Ai-je perdu mon droit d'en prendre 50? Non, puisque je l'exerce.

Ai-je, au contraire, gagné le droit d'en prendre 100 mesures? Non, dans l'espèce, puisque la servitude de puisage est une servitude discontinue (art. 688); car des servitudes de ce genre ne peuvent s'acquérir par la prescription (art. 691), même immémoriale.

Oui, au contraire, si la servitude est continue, comme une servitude de vue — si au lieu de deux fenêtres auxquelles j'ai droit, j'en perce aussi une troisième; — car ces servitudes sont susceptibles d'être acquises par la prescription de trente ans (art. 690).

C. On a fait *moins* que ne comportait le mode d'exercice de la servitude.

Dans ce cas, la partie du droit qui n'a pas été exercée est perdue pour celui qui en était possesseur; et on ne fait pas de distinction entre les diverses espèces de servitudes; toutes, en effet, se perdent par le non-usage pendant trente ans, et du reste, l'article 708 ne distingue pas.

A ce sujet, on a soulevé une hypothèse assez délicate, et qui donne lieu à de vives controverses :

On suppose que j'ai un droit de passage qui consiste à

pouvoir traverser le fonds voisin à pied, à cheval, *ou en voiture*, à mon choix. A ce moment, je n'ai pas de voiture, et pendant trente ans, je passe à pied ou à cheval seulement. Puis j'achète, au bout de trente ans, une voiture, par suite d'un changement dans ma fortune, je suppose, et je veux passer sur le fonds voisin avec cette voiture.

Le pourrai-je; ou le propriétaire servant aura-t-il le droit de prétendre que ce mode d'exercice de la servitude est éteint par suite du non-usage pendant trente ans?

Pour beaucoup d'auteurs, le droit est éteint; ils appliquent purement et simplement l'article 708.

Nous n'admettons pas ce système; car, le propriétaire dominant, en stipulant l'exercice du droit de passage à pied, à cheval, ou en voiture, *à son choix*, n'a qu'à arrêter sa volonté sur l'un de ces modes d'exercice; et du moment où, par exemple, il a passé à pied, il conserve par cela même le droit de passer à cheval, et aussi en voiture. Il peut ou exercer l'un de ces trois droits, ou seulement un seul, à son gré.

D. On a usé de la servitude *autrement* que ne le comportait le titre constitutif.

Primus a un droit de puisage sur le fonds de Secundus; et pendant trente ans, au lieu d'exercer ce droit, il exerce au contraire le droit de passage sur le fonds servant.

Nous dirons que, dans l'espèce, il a perdu le droit de puisage, et n'a pas acquis le droit de passage.

Il n'a pas acquis ce dernier droit, parce qu'il constitue une servitude discontinue, laquelle est imprescriptible (art. 691); mais si la servitude avait été continue, comme une servitude d'égoût, par exemple, il aurait pu l'acquérir par la possession de trente ans (art. 690).

SECTION IV

Renonciation à la servitude, de la part du propriétaire du fonds dominant.

Demandons-nous ici si toute personne peut librement renoncer à l'usage d'une servitude, comment cette renonciation peut être faite, et quels en sont les effets.

Pour pouvoir renoncer à une servitude, il faut : 1° être propriétaire du fonds dominant; 2° être capable d'aliéner.

1° Ce n'est *que le propriétaire* de la chose qui peut renoncer à une servitude, et non pas un usufruitier, ni un emphytéote, ni un nu-propriétaire; si la servitude appartient à plusieurs copropriétaires, la renonciation ne sera valable que si elle est faite par tous les propriétaires du fonds dominant; de même, à l'inverse, si le fonds servant appartient à plusieurs, la renonciation ne sera valable que si elle est faite en faveur de tous.

On n'admet pas, en principe, la remise ou renonciation pour partie, quoique la servitude puisse matériellement être divisée.

Cependant, si elle a été faite par l'un des copropriétaires dominants, elle aura cet effet qu'il ne pourra plus exercer la servitude, et que si, plus tard, il devient, à la suite du partage, seul propriétaire du fonds dominant, il y aura extinction de la servitude.

2° La *capacité d'aliéner* est *indispensable*. Il faudra donc être majeur et capable; les mineurs, émancipés ou non, devront se munir d'une autorisation du conseil de famille et d'une homologation du tribunal pour faire une renonciation à la servitude (art. 457, 458, 484); de même, l'interdit (art. 509); l'assistance de son conseil judiciaire sera obligatoire pour le prodigue (art. 513); enfin, la femme mariée devra être autorisée par son mari ou par justice (art. 217, 219).

Comment aura lieu la renonciation?

Elle sera expresse ou tacite.

Expresse, quand elle résultera d'un acte spécial et formel. Elle pourra avoir lieu à titre onéreux ou à titre gratuit.

Tacite, quand, par exemple, le propriétaire dominant aura consenti à ce que le propriétaire servant fasse un acte contraire à la servitude, si la servitude est continue; et si elle discontinue, aura volontairement délaissé l'usage et l'exercice de la servitude; mais il faut que cet état de fait ait duré trente ans, pour qu'on puisse bien en induire l'intention du maître de la servitude. Ce sera, bien souvent, une affaire d'appréciation, et les tribunaux devront se montrer très difficiles sur la volonté présumée du propriétaire dominant.

La renonciation est, du reste, toujours un acte unilatéral; donc le consentement du propriétaire servant n'est pas nécessaire.

Mais il faut que cette renonciation reçoive une certaine *publicité*, afin que les tiers soient avertis de la perte de la servitude, car cette perte diminue la valeur du fonds dominant, ainsi que le gage des créanciers et ayant droit.

Cette publicité nécessaire est établie par la loi du 23 mars 1855, dans son article 2, n° 2 et 3; il faut que la renonciation à une servitude soit *transcrite;* on transcrira soit l'acte qui la contient, soit le jugement qui la constate, sur le registre du conservateur des hypothèques, afin que les tiers, qui ont acquis, et conservé conformément aux lois, des droits sur l'héritage dominant, soient suffisamment avertis.

Quels sont les effets de la renonciation?

Ce sont ceux qui ont été accordés par le propriétaire du fonds dominant. Il peut faire une renonciation, soit totale, soit partielle, soit absolue, c'est-à-dire s'appliquant même à tout tiers détenteur de l'immeuble assujetti; soit relative, c'est-à-dire n'ayant trait qu'au propriétaire actuel du fonds servant. De même, il peut renoncer à la servitude tout entière, ou renoncer seulement à un mode d'exercice qui incommode peut-être le propriétaire asservi.

Remarquons enfin que, dans le cas où le fonds dominant aurait été hypothéqué avant que la renonciation ait eu lieu, cette renonciation ne pourra nuire aux droits des créanciers hypothécaires, dont le gage s'étend sur la servitude, comme sur la propriété (art. 622, 2114, 2133, 2166).

SECTION V

Résolution du droit du constituant, ou du concessionnaire.

Cette cause d'extinction des servitudes se comprend tout naturellement; si, en effet, une servitude a été concédée à quelqu'un au profit de son fonds, et qu'ensuite ce fonds ne lui appartienne plus, pour quelque raison que ce soit, qu'il y ait rescision pour défaut de consentement, pour dol, pour violence, pour lésion, pour incapacité de l'une des parties, etc., la servitude, n'ayant plus d'objet principal auquel elle puisse se greffer, disparait par cela même.

De même, le droit du concessionnaire peut être résolu et amener ainsi l'extinction de la servitude. Supposons un propriétaire qui a acheté un droit de passage sur le fonds de son voisin, avec clause de réméré. Le voisin, au bout de cinq ans, rachète la servitude; le droit du propriétaire est résolu; il n'y a plus de servitude à son profit. S'il en a fait, par hasard, la cession pendant les cinq ans, cette cession tombera en même temps que le rachat, par suite de la règle : *Nemo plus juris ad alium transferre potest, quàm ipse habet.* Or le droit était résoluble sous condition.

Remarquons que la maxime : *Resoluto jure dantis, resolvitur et jus accipientis*, est plus énergique en faveur des servitudes, qu'en faveur de l'aliénation de la propriété. Les articles 860 et 865 supposent : l'un, que le rapport peut se faire *en moins prenant*, quand l'héritier donataire a aliéné l'immeuble, qu'il doit rapporter, avant l'ouverture de la succession; l'autre, que, *malgré les servitudes* qui grèvent l'immeuble, le rapport aura lieu *en nature*, et l'immeuble sera réuni à la masse, *franc et quitte de toutes charges créées par le donataire.*

Cette différence se comprend facilement. Le législateur a voulu, en édictant l'article 860, favoriser la circulation des biens; tandis que, dans l'article 865, il montre qu'il voit d'un mauvais œil la constitution de servitudes et autres droits réels, qui enlèvent de la valeur à un immeuble au profit d'un autre immeuble.

SECTION VI

Expiration du terme, ou avénement de la condition.

Les Romains qui avaient établi d'abord le principe que les servitudes sont perpétuelles, et même qu'elles ne pouvaient recevoir aucune espèce de modalités, avaient fini, grâce au préteur, par respecter la volonté des parties, qui ne voulaient établir que des servitudes temporaires; et ils accordaient dans ce cas une exception.

Aujourd'hui on peut constituer des modalités résolutoires, en établissant une servitude.

L'extinction aura lieu naturellement, par l'arrivée du terme ou la réalisation de la condition.

En général, l'extinction aura lieu sans aucune indemnité de la part du propriétaire du fonds servant; cependant le titre constitutif peut en établir une, et alors elle sera exigible.

De même le titre constitutif pourra contenir la faculté de rachat de la servitude, à certaines conditions. Dans ce cas, le rachat pourra avoir lieu de la part du propriétaire asservi; mais aussi il pourra être fait par un tiers détenteur de l'immeuble servant; on ne fait que suivre, en cela, le principe de l'article 1664, qui dit que le vendeur à pacte de rachat pourra exercer son action contre un second acquéreur, quand même la faculté de réméré n'aurait pas été déclarée dans un second contrat.

SECTION VII

Expropriation forcée, pour cause d'utilité publique, soit du fonds dominant, soit du fonds servant.

C'est encore un mode d'extinction d'une servitude; la loi du 3 mai 1841 détermine, dans ses articles 21, 23 et 39, les *formalités* qui concernent le propriétaire dominant, lequel est appelé à recevoir, par la décision du jury, une *indemnité* en rapport avec le préjudice que lui cause l'extinction de la servitude.

La loi du 6 octobre 1791, dans l'intérêt de l'agriculture, a autorisé le rachat *forcé* de la servitude *de pacage conventionnel* entre particuliers, sur toute espèce de fonds, et même dans les bois.

— Certains auteurs, après avoir énuméré ces sept modes d'extinction des servitudes, se sont demandé s'il ne serait pas possible d'en établir un huitième, à l'instar de l'usufruit et s'appuyant sur l'article 618?

Ils se sont demandé, en un mot, si *l'abus* que le propriétaire du fonds dominant ferait de la servitude, pourrait déterminer l'extinction de cette servitude?

On répond généralement : non, et pour les raisons suivantes : l'article 618 est exorbitant et rigoureux comme conséquences. Il est de droit étroit, et spécial à l'usufruit; il ne peut être étendu aux servitudes pour cette raison, et aussi pour le motif suivant : la servitude diffère complétement, comme caractère, de l'usufruit ; elle est perpétuelle, et il est viager; et on ne voit pas comment on pourrait appliquer aux servitudes les tempéraments que l'article 618 *in fine* édicte quant à la déchéance de l'usufruit. Mais il serait toujours possible d'appliquer l'article 1382, en cas d'*abus de jouissance* d'une servitude, et d'accorder au propriétaire servant des dommages et intérêts en rapport avec le préjudice causé.

CHAPITRE V

Actions auxquelles donnent lieu les servitudes.

Ces actions, qui existent pour la garantie de l'exercice des servitudes, sont des actions *réelles immobilières*, comme concernant des démembrements du droit de propriété, et ne pouvant que s'appliquer sur un fonds, au profit d'un autre fonds (art. 637); l'article 526 nous dit que si une action a pour un objet un droit immobilier, elle est elle-même immobilière.

Nous allons examiner successivement quand il y aura lieu à intenter une action *pétitoire*, c'est-à-dire touchant à la question du démembrement de propriété; ou au contraire, une action *possessoire*, ne tendant qu'à prouver la possession de la servitude.

SECTION I

Des actions pétitoires.

L'action pétitoire sera ici l'action qui mettra en jeu le fond du droit et qui établira le droit d'exercer la servitude.

L'action pétitoire sera double, comme chez les Romains et dans l'ancien droit.

Elle sera confessoire, ou négatoire.

1° Elle sera *confessoire*, quand elle sera intentée

par le propriétaire du fonds prétendu dominant, qui prétend avoir un droit de servitude, et qui se sert de cette action pour faire reconnaître, *confessio*, l'existence de cette servitude, ou son mode d'exercice, par le propriétaire du fonds prétendu servant, devant les tribunaux civils.

La preuve est double; il faut, en effet, être propriétaire du fonds pour lequel on revendique la servitude, et aussi démontrer que la servitude réclamée existe : *ei qui dicit incumbit probatio*.

L'action sera dirigée contre le propriétaire soi-disant assujetti, ou contre tout détenteur de son fonds.

Si l'action réussit, l'existence et l'exercice de la servitude sont assurés à jamais au profit du fonds dominant.

2° L'action sera *négatoire*, dans le cas contraire : celui où le propriétaire du fonds servant prétend que son fonds est libre de toute servitude, et attaque le propriétaire dominant pour en faire cesser l'exercice.

Cette action tend accessoirement à un double but : faire interdire au défendeur d'exercer la servitude à l'avenir; et ensuite, lui demander la réparation du préjudice causé par l'exercice antérieur de cette servitude.

Remarquons que l'action négatoire est spéciale aux servitudes, et ne s'applique pas à la question de propriété. Pourquoi? Par la force des choses. Par cela même que je prétends que vous n'avez aucun droit de servitude sur mon fonds, j'affirme ma propriété pleine et entière sur ce fonds. Au contraire, si je prétendais que tel fonds ne vous appartient pas, je ne prouverais pas par cela même qu'il est à moi.

L'action négatoire, étant réelle, sera intentée tant contre le propriétaire dominant, que contre tout détenteur de son fonds.

A qui incombera le fardeau de la preuve, dans l'action négatoire ?

Est-ce au propriétaire du fonds prétendu libre à établir que la servitude n'existe pas ? Est-ce, au contraire, au défendeur, qui exerce la servitude, à prouver qu'elle existe ?

C'est là une vieille question, qui passionnait déjà les jurisconsultes romains.

Ils se divisaient entre trois systèmes :

Le premier, enseignant que, dans tous les cas, c'est au demandeur à prouver ce qu'il avance : *ei qui dicit incumbit probatio* (loi 8, § 3 Dig. *si servit. vindic.*).

Mais on repoussait généralement ce système, à cause de la preuve négative qu'il imposait, et qu'il était très difficile de faire, suivant la loi 23, Code *de probat.* : *factum negantis, per rerum naturam, nulla est probatio.*

Un second système mettait, au contraire, la preuve à la charge du défendeur. Et on en donnait la raison suivante : Un fonds quelconque est présumé libre ; or, le demandeur, s'abritant derrière cette présomption, attend que le défendeur la fasse tomber. Du reste, si le défendeur prouve qu'il est propriétaire de son fonds, c'est au demandeur à prouver à son tour qu'un droit réel, une servitude, grève ce fonds : *reus excipiendo fit actor.*

Un troisième système qui tient le milieu entre les deux précédents, nous dit : De deux choses, l'une : ou bien celui qui prétend exercer la servitude est déjà en possession de l'exercer, ou bien il n'y est pas.

S'il est déjà en possession, il ne demande rien, en réalité ; il doit attendre qu'on lui prouve qu'il n'a pas le droit d'user de la servitude ; c'est donc au demandeur qui intente l'action négatoire à faire cette preuve.

S'il ne possède pas, ce sera à lui de prouver son droit. En le lui déniant, le demandeur à l'action négatoire ne réclame aucun changement ; au contraire, il veut que les choses restent dans l'état actuel ; on ne peut donc lui opposer la maxime : *Ei qui dicit incumbit probatio.*

La même question se pose encore aujourd'hui, et produit, à défaut de texte, les mêmes divergences entre les auteurs.

Avant d'examiner les divers systèmes, posons bien l'hypothèse. Je possède l'exercice d'une servitude depuis plus d'un an ; comme possesseur annal, j'obtiens gain de cause devant le juge de paix. Mais mon contradicteur, Primus, ne se tient pas pour battu, et intente contre moi l'action négatoire, devant le tribunal de première instance, afin de faire juger que la servitude n'existe pas en ma faveur, en tant que droit.

Qui devra fournir la preuve ? sera-ce Primus, ou moi ?

Quelques auteurs pensent que c'est à Primus, demandeur dans l'action négatoire, de prouver que le fonds qu'il détient est libre, n'est tenu d'aucune servitude. (Voy. aussi Limoges, 20 nov. 1843, Dev. 44-2-158.)

La raison qu'ils donnent est assez plausible : si le juge de paix, disent-ils, m'a maintenu dans ma possession, parce qu'elle est annale, c'est déjà une présomption, en ma faveur, de l'existence du droit que je réclame ; c'est à mon adversaire à faire tomber cette présomption. Si on n'admettait pas ce principe, ajoutent-ils, à quoi servent donc les actions possessoires vis-à-vis des actions pétitoires ?

Mais les partisans de ce système ne s'entendent plus sur la portée de son application. Les uns imposent la preuve au demandeur pour toutes les servitudes sans exception ; les autres, seulement si les servitudes sont continues et apparentes; car elles sont seules susceptibles de possession (art. 690).

Nous repoussons ce système, en disant avec M. Demolombe (t. xii, n° 957), que pour toutes les servitudes, quelles qu'elles soient, c'est toujours au défendeur, même maintenu en vertu de sa possession annale, à prouver, au pétitoire, que la servitude doit être attachée à son fonds.

Il doit en être ainsi, d'abord vis-à-vis des servitudes discontinues, ou continues, mais non apparentes, parce qu'elles ne peuvent exister sans un titre (art. 691); la possession annale est donc inutile quant à elles.

Nous pensons qu'il en sera aussi de même, quant aux servitudes continues et apparentes, qui sont susceptibles d'être possédées (art. 690).

Nous ferons remarquer que le système précédent rend complétement inutile l'action négatoire; car elle mène à prouver que le fonds du demandeur est libre de toute servitude, n'est pas asservi. Y a-t-il rien de plus difficile à administrer que cette preuve d'un fait négatif? Il faudra, en effet, que le demandeur passe en revue tous les modes de constitution d'une servitude, pour établir qu'aucun n'a été employé dans l'espèce. Ne voit-on pas ce que l'action négatoire aurait de bizarre et d'inextricable pour le malheureux demandeur ?

De plus, n'est-ce pas la condition ordinaire d'un fonds, d'être absolument libre ou présumé tel? Or, le défendeur, maintenu au possessoire, oppose au demandeur qu'il a acquis une servitude; on peut donc lui appliquer la maxime : *Reus excipiendo fit actor;* il devient demandeur en formulant une exception.

On ajoute, dans le système précédent, que le maintien du défendeur, comme possesseur annal, fait présumer qu'il a droit à la servitude. Mais y a-t-il là une présomption légale? Non, car il faut, dit l'article 1350, qu'un texte de loi l'établisse; or, nous n'en voyons pas en faveur du possesseur annal. Remarquons, de plus, que si la possession annale permet au défendeur de rester en possession tant que le débat au pétitoire soit terminé, elle ne lui accorde rien de plus, et pour triompher au pétitoire, il devra prouver qu'il a acquis la servitude par l'un des trois modes prévus par les articles 690 et 692. En cas de doute et d'ambiguïté dans les preuves fournies, ce sera encore le possesseur annal qui l'emportera.

Ce dernier avantage, et le droit de posséder *pendant le procès justifient suffisamment l'utilité de* la possession annale; mais elle ne produira pas d'autres effets (Agen, 23 nov. 1857, Dev. 57-2-769).

Il pourra y avoir lieu à action négatoire, dans le cas de litige sur l'*étendue d'exercice* de la servitude; ce sera toujours au défendeur à prouver que cette étendue est bien telle qu'il l'indique et qu'il la réclame.

Qui peut intenter les actions pétitoires?

Ce seront, non seulement le propriétaire du fonds dominant, ou celui du fonds servant, mais encore les personnes qui ont des droits réels sur ces fonds; ainsi l'usufruitier, l'usager, l'emphytéote aussi, d'après la jurisprudence; mais, dans ces cas, il faudra mettre aussi en cause le propriétaire du fonds, afin que le jugement rendu contre eux ou en leur faveur lui soit aussi opposable. De plus, si le fonds dominant, ou le fonds servant, appartiennent à plusieurs copropriétaires, chacun d'eux pourra intenter l'action pétitoire, soit confessoire, soit négatoire; mais la décision rendue engagera-t-elle par cela même les copropriétaires de celui qui l'a intentée?

On fait généralement une distinction :

Si le copropriétaire demandeur a gagné son procès, le jugement rendu profitera à ses copropriétaires : *Victoria et aliis proderit*, dit la loi 4, § 3, au Dig. *si servit. vindic.*, ils n'ont aucun intérêt à rejeter la décision rendue, comme ne leur étant pas opposable ; leur co-communiste a, en effet, bien géré l'affaire commune (art. 1375), quoiqu'ils ne lui aient pas donné de mandat.

Si le copropriétaire demandeur a, au contraire, succombé, nous sommes d'avis que le jugement rendu contre lui n'est pas opposable à ses copropriétaires ; il a compromis leurs intérêts sans aucun mandat ; ils peuvent donc se servir de la tierce opposition, en vertu de l'article 474 et suivants du Code de procédure, et demander la réformation d'un jugement rendu entre d'autres personnes, et qui préjudicie à leurs droits.

Ils auraient, de plus, une action en dommages et intérêts contre leur co-communiste, au cas où il aurait intenté l'action pétitoire, de mauvaise foi ou en se défendant mal, et qu'ils eussent ensuite échoué dans leur tierce opposition ; on rentre, en effet, dans le cas prévu par l'article 1382.

SECTION II

Des actions possessoires.

Comme leur nom l'indique, ces actions ne visent qu'à obtenir le maintien provisoire de la possession en faveur de celui qui prouve avoir possédé effectivement *depuis une année au moins*, dit l'article 23 du Code de procédure ; ces actions sont intentées devant le juge de paix.

On comprend très bien l'utilité des actions possessoires : la possession contient, en effet, en elle-même un indice grave, qui mérite protection ; habituellement, elle couvre de son enseigne le véritable propriétaire ; en d'autres termes, elle constitue un fait, un état de choses, qui d'ordinaire accompagne le droit, aussi la loi la tient-elle toujours en sérieuse considération.

C'est la possession, en effet, qui, accompagnée de la bonne foi, fait gagner à celui qui l'exerce les fruits de la chose (art. 549) ; c'est elle aussi qui produit l'effet de la prescription (art. 2262 et 2265). Ensuite, si une contestation s'élève entre deux personnes sur la propriété d'un fonds que l'une d'elles possède, celle-ci sera présumée propriétaire tant que l'autre n'aura pas fourni la preuve contraire. Enfin, que le possesseur annal vienne à être troublé, il aura à sa disposition les actions possessoires, qu'il pourra invoquer sans avoir besoin de prouver qu'il est propriétaire : *Possideo quia possideo*, dira-t-il.

Voilà les grands avantages que peut procurer la possession ; aussi justifient-ils suffisamment le célèbre brocard, bien ancien parmi les théoriciens du droit : *Beati possidentes !*

Les actions possessoires se divisent surtout en deux classes : 1° la complainte ; 2° la réintégrande (voir Boitard, t. 1, § 625).

1° La *réintégrande* suppose qu'on a été dépossédé au moyen de *violences, et de voies de fait*. Le possesseur ainsi violenté demande à être réintégré, en vertu de la maxime : *Spoliatus antè omnia restituendus*. Faut-il la possession annale pour intenter la réintégrande ? La jurisprudence, par de nombreux arrêts (citons les plus récents : Cassat. 10 fév. 1861 ; 25 avril 1865) décide qu'il suffit seulement d'une possession actuelle et matérielle.

2° La *complainte* suppose un simple *trouble;* le possesseur demande ici seulement que le trouble cesse, qu'on le laisse posséder paisiblement, qu'on le maintienne dans sa possession. Elle est soumise à trois conditions par l'article 23 du Code de procédure : il faut que la possession ait *duré au moins un an;* qu'elle ait été *paisible;* qu'elle soit *à titre non précaire*, c'est-à-dire qu'elle n'ait pas été exercée par quelqu'un qui tenait ses droits du propriétaire, mais d'une façon précaire, comme l'usufruitier, le locataire, le dépositaire (art. 2236).

Quelquefois les auteurs désignent sous le nom générique de complaintes *toutes* les actions possessoires.

Mais, au contraire, l'article 6 de la loi du 25 mai 1838, sur la compétence des juges de paix, et l'article 2060 du Code civil font bien la distinction.

— Le premier de ces articles suppose même une *troisième* action possessoire, que l'article 23 du Code de procédure ne cite pas plus, en nom, que les deux autres; c'est la *dénonciation de nouvel œuvre,* qui est une variété de la complainte.

Elle nous vient du droit romain, qui l'appelait *nunciatio novi operis* (Dig. liv. 39, tit. 1); elle est accordée au possesseur troublé par des travaux, par exemple des constructions, des plantations, qu'un tiers aurait, depuis moins d'un an, exécutés en anticipant sur lui.

Ces principes généraux posés, occupons-nous maintenant des actions possessoires *relatives aux servitudes.*

Les difficultés de cette matière sont nombreuses; ce sont à peu près les mêmes que celles qu'on rencontre quant à la prescription des servitudes. Cette similitude n'a rien d'étonnant; elle tient à la corrélation étroite qui existe entre les actions possessoires et la prescription à l'effet d'acquérir (Comp. M. Demol., t. xii, n° 939).

Quelques auteurs et beaucoup d'arrêts avaient même soutenu, dans l'origine, que les actions possessoires étaient inapplicables en matière de servitudes. Le motif qu'ils invoquaient se trouvait dans la maxime de l'ancien droit : *Nulle possession sans titre;* en effet, disaient-ils, la servitude est un droit *incorporel;* or la possession ne peut s'appliquer qu'aux choses corporelles, matérielles.

Mais cette théorie était entièrement fausse, d'abord en présence des termes de l'article 2228 : La possession est la détention *ou la jouissance* d'une chose ou d'un droit. Or, *on jouit* de l'exercice d'une servitude.

De plus, l'article 690 permet d'arriver à la prescription acquisitive, en faveur de certaines servitudes, par la possession de trente ans.

Dès lors, pourquoi ne pas leur appliquer la possibilité de la possession annale, avec les actions possessoires ?

Mais si on admet cette règle, il faut l'admettre sous certaines restrictions, exigées par la force des choses; l'exercice de certaines servitudes ne résulte, en effet, que d'actes de pure tolérance entre voisins ; or, il ne faut pas jeter de discrédit sur ces actes, en leur donnant une valeur juridique qu'ils ne peuvent avoir.

Nous allons donc *distinguer entre* les diverses espèces de servitudes, quant à l'exercice des actions possessoires.

Comme nous l'avons dit plus haut, un principe général gouverne ces actions, et il est formulé dans les articles 23 du Code de procédure, et 2229 du Code civil, ainsi conçus : « Les actions possessoires ne seront recevables qu'autant » qu'elles auront été formées dans l'année du trouble par » ceux qui, depuis une année au moins, étaient en pos-

» session paisible, par eux ou les leurs à titre précaire. » — « Pour pouvoir prescrire, il faut une possession con- » tinue et non interrompue, paisible, publique, non équi- » voque, et à titre de propriétaire. »

Celle de ces conditions qui est surtout importante, en matière de servitudes, consiste dans la possession *à titre non précaire*. Souvent, en effet, la précarité sera le vice qui écartera la position annale, car souvent il n'y aura, en faveur de celui qui réclamera une servitude, que ces faits *de pure tolérance et de bon voisinage*, que l'article 2232 déclare non susceptibles de fonder une possession, et à plus forte raison une prescription.

Examinons donc quelles sont les servitudes qui admettent les actions possessoires comme moyens de défense, et quelles sont celles, au contraire, qui ne les admettent pas.

Considérons d'abord les servitudes tout à la fois *continues et apparentes*.

Admettent-elles les actions possessoires ?

Evidemment; les textes et les principes commandent cette solution.

L'article 690 nous dit formellement qu'elles peuvent s'acquérir par la *possession* de trente ans; or, cette possession de l'article 690 ne diffère pas, comme condition, de la possession de l'article 23 du Code de procédure; et nous avons vu tout à l'heure qu'il y a une corrélation des plus étroites entre les actions possessoires et les droits ou choses susceptibles d'être prescrits (Voir en ce sens, Cassat. 6 juillet 1825). Donc les actions possessoires s'appliquent aux servitudes continues et apparentes, de par les textes.

Mais remarquons, de plus, que l'action possessoire repose sur la présomption que le possesseur est propriétaire; or il n'y a rien de précaire dans la possession d'une servitude continue et apparente; car la gêne qu'elle cause au propriétaire du fonds servant exclut toute idée de tolérance de sa part. Donc on peut présumer aussi que le possesseur d'une servitude y a vraiment droit (Cass. 20 décembre 1847, Dall. P. 48-1-13).

Ajoutons toutefois qu'il en serait autrement, au cas où le propriétaire du fonds dominant *reconnaîtrait*, en fait, que la possession de la servitude lui a été accordée à titre précaire, et par pure tolérance, ou encore s'il est prouvé que cette possession a été *clandestine* (Cassat. 1er mars 1854. Journal *le Droit* du 2 mars 1854); dans ces deux cas, l'action possessoire ne serait pas admissible.

Examinons maintenant les servitudes qui sont, « ou » continues et non apparentes, ou discontinues apparentes » ou non apparentes. »

On peut supposer, comme exemple, un passage établi d'une façon vague, et ne se révélant pas par un chemin ou tout autre signe apparent.

Y aura-t-il lieu à une action possessoire, au cas de contestation entre celui qui passe et celui sur le fonds duquel le passage a lieu?

Nous répondons : Non, toujours au point de vue des textes et des principes.

L'article 691, en effet, n'admet pas la possession, même immémoriale pour ces sortes de servitudes; donc, sans possession, pas d'actions possessoires. De plus, nous avons dit, en expliquant l'article 691, et pour en justifier les motifs, que les servitudes, *autres que* celles qui réunissent les deux qualités d'apparence et de continuité, étaient, la plupart du temps, basées sur des faits *de pure tolérance*, précisément en vertu de leur manque de signe apparent, ou de leur discontinuité; or l'article 691, d'accord en cela avec l'article 2232, n'a pas voulu supprimer, en fait et en pratique, ces actes de bon accord entre voisins, en leur donnant un caractère juridique, qu'ils ne pouvaient avoir : il n'a donc sanctionné ce caractère juridique que dans le cas où il existerait un titre constitutif de la servitude ; car, alors, ce titre serait une preuve certaine que le propriétaire servant a consenti à une gêne permanente sur son fonds au profit du fonds dominant.

Remarquons, de plus, que si l'article 2229 a exigé que la possession fût *continue*, c'est une continuité *de droit* qu'il regarde comme obligatoire ; car, si on exigeait, pour le maintien de la possession, tant de la propriété que de la servitude, une continuité *de fait*, il n'y aurait pas une servitude qui pourrait être exercée. Ainsi, on n'est, par exemple, pas continuellement à sa fenêtre pour exercer la servitude de vue qu'on possède sur le fonds voisin, et cependant l'article 688 range cette servitude parmi les servitudes continues.

Disons donc que si les servitudes, autres que les servitudes continues et apparentes, ne peuvent être possédées, c'est plutôt par le fait de *non apparence*, que de discontinuité que ce résultat se produit, et si la discontinuité est apparente, c'est alors par le *manque* d'une continuité *de droit* que la possession ne peut exister.

Demandons-nous maintenant si les actions possessoires peuvent s'appliquer, au cas où les servitudes, qui ne sont pas à la fois continues et apparentes, s'exercent en vertu d'un *titre* ?

Un premier système est pour la négative, et s'appuie sur les deux raisons que voici : d'abord, dit-on, l'existence du titre ne prouve pas que ces servitudes soient susceptibles d'une véritable possession, et surtout d'une possession continue, qui puisse devenir annale; de plus, il n'est pas permis de cumuler le possessoire et le pétitoire, en vertu de l'article 25 du Code de procédure; or, le juge de paix exercerait ce cumul, s'il avait le droit d'apprécier le titre constitutif de la servitude. Il ne le peut pas; il doit se déclarer incompétent provisoirement, et renvoyer les parties devant les tribunaux qui examineront, au pétitoire, la validité du titre produit.

Un deuxième système, qui est celui de l'affirmative, et auquel nous nous rallions, répond au premier argument du système précédent, en disant que si l'article 691 prohibe la possession pour les servitudes discontinues apparentes ou non apparentes, et les servitudes continues non apparentes, ce n'est qu'au point de vue de la *prescription;* mais que, du moment qu'il existe un *titre* (ce qui exclut toute idée de tolérance de la part du propriétaire servant), la possession est permise par cela même, et peut donc conduire à l'emploi des actions possessoires. Ajoutons que notre solution était admise dans l'ancien droit, qui avait pour maxime : *Nulle servitude sans titre* (Comp. Pothier, *De la possession*, n° 90). Disons aussi que le titre *écarte toute idée de précarité*, ce qui est une des conditions posées par l'article 23 du Code de procédure pour permettre d'intenter l'action possessoire. Remarquons enfin que le possesseur, dans l'espèce, ne prétend pas invoquer une prescription quelconque; il réclame tout simplement le droit d'être maintenu *provisoirement*, en vertu d'un état de fait, d'une possession annale, puisque nous venons de prouver qu'elle est possible, corroborée par un titre. Et qu'on n'aille pas dire qu'il y a là un cumul du possessoire et du pétitoire. Car, que fera le juge de paix ? Il ne statuera pas sur le fonds du droit; il n'appréciera le titre que pour s'éclairer sur les qualités de la possession civile qui est alléguée. Or, qui veut la fin, veut les moyens; le juge de paix compétent, d'après les textes, pour apprécier le caractère et le mérite de la possession, doit l'être également pour apprécier le caractère et le mérite du titre dans ses rapports avec cette possession. (Cassat. 6 décembre 1853, Dev. 54-1-793.)

Que devons-nous entendre par un *titre*, qui donne ainsi ouverture à l'action possessoire ?

Ce titre constitutif, ce sera une vente, un testament, une donation, l'aveu formel de la servitude par le propriétaire du fonds servant, ou encore un titre récognitif (art. 695), écrit de sa main.

On peut aussi supposer que l'action possessoire pourrait avoir lieu, au cas où une servitude discontinue est *en même temps apparente;* ainsi : une conduite d'eau avec aqueduc, au cas où il sera fourni la preuve que les deux fonds ont été réunis dans la même main, et que le contrat qui les a séparés ne parle pas de la servitude; alors, en effet, elle continue de s'exercer d'après l'article 694.

En résumé, nous dirons que l'action possessoire, pour les servitudes qui ne sont pas continues et apparentes, ne pourra être intentée que s'il y a, soit un titre constitutif, (art. 691), soit un titre légal (art. 694), soit un titre récognitif (art. 695).

Des auteurs considérables ont soulevé une autre hypothèse qu'ils ajoutent aux trois précédentes, hypothèse où, disent-ils, il est permis de posséder tant à fin de prescrire, qu'avec l'espérance aussi de pouvoir intenter l'action possessoire au bout d'un an de possession.

Cette hypothèse consiste dans le fait d'un individu qui, exerçant une servitude discontinue, aurait manifesté l'intention d'user de cette servitude *animo domini*, et à titre non précaire : par exemple, je passe sur votre fonds : dans l'intention de m'en empêcher, vous voulez établir une clôture tout autour du fonds. Je vous somme d'arrêter vos travaux de clôture, et vous adhérez à ma sommation.

Les auteurs qui soulèvent cette hypothèse s'appuient sur l'article 2238, qui dit que les détenteurs à titre précaire peuvent prescrire, si le titre de leur possession est interverti, par la *contradiction* qu'ils ont opposée au droit du propriétaire. Or, ajoutent-ils, cela se rapporte bien à l'hypothèse précédente ; donc la prescription et l'action possessoire lui seront applicables.

Nous ne suivrons pas ce système, pour deux raisons : d'abord, c'est que l'article 691 est des plus formels et n'admet que le titre pour les servitudes qu'il vise ; nous ne pouvons admettre que le fait de contradiction soit un titre ; enfin, pourquoi la loi aurait-elle édicté l'article 691, si elle devait ensuite le tourner, le rendre inutile par l'admission des principes que soutient le premier système ?

— Nos hypothèses précédentes sont toujours basées sur la supposition que c'était le vrai propriétaire du fonds servant qui invoquait le titre constitutif d'une servitude discontinue.

Mais un *non dominus* ne pourrait-il pas aussi intenter l'action possessoire, en vertu d'un titre semblable ?

Les partisans de l'affirmative soutiennent qu'il en était

ainsi dans l'ancien droit (art. 186 de la coutume de Paris; art. 215 de la coutume d'Orléans); l'article 691 n'a pas dit le contraire. On ajoute : il existe un titre; or tout le monde est d'avis, dans ce cas, que la possession peut mener, et à la prescription, et à l'action possessoire (art. 691).

Nous penchons vers la négative, malgré les arguments du système précédent, et surtout à cause de la faiblesse du dernier de ces arguments. Les adversaires nous disent : il y a un titre. Nous le voulons bien; mais qu'est-ce que ce titre? Est-il opposable au vrai propriétaire? Non; par conséquent, la possession du *non dominus* continue d'être précaire vis-à-vis de lui; elle constitue un acte *de simple tolérance;* donc elle ne peut servir ni à intenter une action possessoire, puisque celle-ci exclut la précarité (art. 23 du Code de procédure), ni à parvenir à la prescription (art. 691 et 2232).

Posons-nous une dernière question concernant les servitudes qui ne sont ni continues ni apparentes.

Supposons qu'une convention, permise par l'article 698, mette à la charge du propriétaire *asservi* les ouvrages nécessaires à l'exercice de la servitude; celui-ci refuse de les exécuter; il s'agit, par exemple, du curage qu'il doit faire d'une conduite d'eau s'exerçant par un aqueduc; le propriétaire du fonds dominant pourra-t-il le forcer à ce curage, en vertu de la complainte, qui est l'action possessoire par excellence?

Certainement; car il s'agit bien, dans l'espèce, d'une servitude réelle, puisque la faculté d'abandon, à défaut de l'exécution des travaux, est accordée au propriétaire servant (art. 699). De plus, cette servitude de curage est l'accessoire de la servitude principale, la conduite d'eau;

elle doit donc admettre, comme celle-ci, l'action possessoire. Il y a, de plus, un titre constitutif de la servitude (art. 691); il y a donc toutes les conditions voulues pour l'admission de la complainte.

— Avant de quitter la matière des actions possessoires s'appliquant aux servitudes, nous allons nous demander si ces actions peuvent être intentées, quant aux servitudes *négatives non apparentes*, appuyées sur un titre, telles que : la servitude de ne pas bâtir, de ne pas planter, etc.?

Deux systèmes sont en présence.

Le premier les leur refuse, ces servitudes n'admettant pas la possession; le juge de paix ne pourrait donc que statuer sur le titre, si la loi le lui permettait; or, l'article 25 du Code de procédure le lui interdit formellement.

Nous nous rattachons plutôt au système de l'affirmative. Nous disons, en effet, que les servitudes admettent la possession; car l'article 2228 nous dit que la possession est *la jouissance* d'un droit; or, ici la jouissance résulte bien de l'absence de construction, ou de plantation sur le fonds servant, concordant avec l'existence d'un titre. Le juge de paix pourra donc apprécier, et la valeur matérielle du titre, et la possession, c'est-à-dire la situation des lieux conformes au titre; il pourra ainsi statuer en connaissance de cause sur l'action possessoire. (Cassat. 15 février 1841. Dev. 41-1-193.)

CHAPITRE VI

De la transcription en matière de servitudes.

Quand une servitude est constituée par un propriétaire sur son fonds, il faut qu'elle soit *connue des tiers*, car elle diminue la valeur du fonds ; ils sont ainsi prévenus qu'on ne pourra désormais leur transmettre qu'une propriété démembrée et une garantie restreinte.

C'est ce qui a fait édicter l'article 2 de la loi du 23 mars 1855, dans les termes suivants :

« Sont également transcrits : 1° Tout acte constitutif... » de servitude... ;

» 2° Tout acte portant renonciation à ces mêmes droits ;

» 3° Tout jugement qui en déclare l'existence en vertu » d'une convention verbale. »

Quoique ce texte soit universellement approuvé, on a soulevé quelques controverses, que nous allons examiner les unes après les autres, quant aux servitudes établies par le fait de l'homme.

1re *Question.*

Faut-il transcrire les constitutions de servitudes apparentes ?

Deux systèmes :

A. On ne doit pas les transcrire ; voici le raisonnement qu'on fait : La prescription des servitudes apparentes peut avoir lieu, pourvu qu'elles soient continues, en vertu de l'article 690. Or, l'article 2229 exige, pour cette prescription, que la possession soit *publique*. On en argumente que cette *publicité* est suffisante à l'égard des tiers, qu'il n'en faut pas une seconde. L'article 1638 fournit un second argument; on dit : puisque cet article refuse tout recours en garantie à l'acquéreur d'un fonds grevé de servitudes apparentes, lors même que le contrat ne les aurait pas déclarées, n'est-ce pas parce que l'acheteur *a dû les connaître*, comme étant apparentes et présentant ainsi un caractère suffisant de publicité?

B. Quoique le système précédent paraisse s'appuyer sur des textes, le système de l'affirmative est préférable.

Il s'appuie aussi sur un texte; mais il est bien formel, c'est l'article 2 de la loi du 23 mars 1855; le créancier hypothécaire d'un individu qui aura constitué une servitude sur son fonds, ne sera-t-il pas fondé à prétendre que cette servitude, n'ayant pas été transcrite, n'a aucune valeur quant à lui, puisqu'il est censé, comme tiers, ne pas la connaître? Il est bien certain qu'il pourra s'opposer à l'exercice de la servitude.

Peut-il objecter l'article 1638? Cela n'est pas possible, puisque, peut-être, il ne connaît même pas l'immeuble grevé de la servitude; par exemple, s'il a une hypothèque générale sur les biens de son débiteur.

Il se prévaudra donc du défaut de transcription; car les articles 2 et 3 de la loi précitée sur la transcription ne considèrent que les servitudes en général, sans distinguer si elles sont apparentes ou non.

Il est bien certain qu'on devra opter entre l'article 1638 et la loi de 1855; mais celle-ci l'emportera; d'abord parce qu'elle est plus récente que l'article 1638; ensuite cet article a été rédigé à un moment où l'on ne pensait guère à la transcription pour rendre les servitudes opposables aux tiers ; cet article a donc perdu beaucoup de son utilité sous ce rapport.

Exceptons, bien entendu, de la règle posée dans le second système, le cas où le fonds aurait été vendu à l'acquéreur *tel qu'il se comporte, avec les servitudes qui peuvent exister.* Ici, en effet, la publicité est suffisante vis-à-vis de l'acquéreur, et même du tiers ; car on n'a qu'à lire le contrat pour s'en assurer. L'acquéreur pourrait cependant répondre que, s'il a accepté de prendre le fonds tel qu'il est grevé, c'est à la condition qu'il soit transcrit, afin que, pour les tiers, l'aliénation, avec les droits réels qui l'accompagnent, ait toute la publicité possible.

2ᵉ *Question.*

Doit-on transcrire l'établissement de servitudes par la destination du père de famille ?

Il y a toujours deux systèmes en présence :

1° Négative. — On en donne deux raisons : d'abord, la destination du père de famille est un fait, non un acte ; or les faits ne se transcrivent pas ; puis on assimile ce mode de constitution à une servitude établie par la loi, et comme elle, on ne le transcrit pas.

2° Affirmative. — La destination du père de famille est plus qu'un fait : c'est un arrangement sous forme de convention tacite ; or les conventions de ce genre ne paraissent pas dispensées de la transcription. De plus, quoique la destination du père de famille ne se constate pas toujours par écrit, il est bien facile de remplacer cette absence de titre par une reconnaissance de la servitude qu'on exigera du propriétaire servant, et, s'il la refuse, par un jugement qui déclare l'existence du droit en vertu de la convention verbale. Ce sont ces actes récognitifs du droit de servitude qu'on fera transcrire (Comp. Mourlon, *Transcription*, n° 115).

3e *Question.*

Doit-on transcrire l'acte constitutif d'une servitude en vertu d'un testament, ou d'un partage ?

Si on lit le rapport de la commission sur le projet de loi qui allait devenir la loi de 1855, voici ce qu'on lit, au sujet de l'article 2 : « La relation établie entre les » articles 1 et 2, disait le rapporteur M. Belleyme, ne » permet pas de supposer qu'ils s'appliquent à autre chose » qu'à des actes *entre vifs*. » Donc la transcription ne sera pas obligatoire, en face de constitutions par partage ou par testament. (Comp. Mourlon, nos 109 et 114).

4e *Question.*

La transcription est-elle exigée quant aux servitudes établies par donation entre vifs ?

Deux systèmes partagent les auteurs.

A. Celui de l'affirmative, qui applique par analogie l'article 939, en prétendant qu'asservir gratuitement son fonds, c'est en quelque sorte donner partiellement un bien susceptible d'être hypothéqué ; la servitude et l'hypothèque se ressemblent, en effet, en ce qu'elles diminuent la valeur de la pleine propriété. On fait observer, de plus, qu'il y a autant de danger, pour les tiers, dans l'absence de transcription des actes gratuits, que dans celle des actes à titre onéreux ; enfin, dit-on, l'article 2 de la loi du 23 mars 1855 est tout à fait général dans ses termes : *tout acte*, il ne distingue pas entre la constitution de servitude par vente, et celle qui serait faite par donation.

B. Le système de la négative, qui est le nôtre, commence par rétablir le véritable champ d'application de l'article 939 ; cet article, dit-il, ne s'applique qu'à la donation de biens *susceptibles d'hypothèque ;* or, l'article 2118 range les servitudes parmi les droits non susceptibles d'être hypothéqués ; donc l'article 939 n'est pas applicable dans notre espèce. De plus, la loi de 1855 a-t-elle voulu déroger à cet article 939 ? Nous voyons que non ; et pour cela, il nous suffit de lire l'article 11, *in fine*, de la loi précitée : « Il n'est point dérogé aux dispositions du Code civil, » quant à la transcription des actes portant donation.... ; » ces dispositions continueront à recevoir leur exécution. »

Qu'on ne dise pas que l'article 939 a omis de citer les servitudes parmi les droits sujets à transcription : s'il l'a omis, cela a été avec intention. Or, aux termes de l'article 941, le défaut de transcription pourra être opposé par tous ceux qui auront intérêt, même par les créanciers chirographaires du donateur. Au contraire, dans la loi de 1855, les créanciers chirographaires de l'aliénateur ne peuvent opposer ce défaut de transcription. Ceci posé, si l'on décide, avec le premier système, que les donations de servitudes suivent les règles, non du Code, mais de la loi de 1855, il sera forcé de dire : si on ne transcrit pas une donation de propriété ou d'usufruit, elle ne pourra être opposée aux créanciers chirographaires du donateur ; si, au contraire, on ne transcrit pas une donation de servitude, ces créanciers devront la subir.

Il nous est impossible de suivre le premier système dans une distinction aussi bizarre, et c'est ce qui le condamne (Comp. Mourlon, nos 111-114).

5e *Question.*

Faut-il transcrire les servitudes acquises par prescription ? ou bien, la prescription supplée-t-elle la transcription ?

Examinons d'abord la prescription de trente ans.

Comme elle constitue une présomption légale d'acquisition *erga omnes*, il nous semble que la transcription n'est pas indispensable.

Supposons maintenant qu'un propriétaire vende un droit de servitude à Primus; celui-ci ne transcrit pas. Au bout de trente ans d'exercice de la servitude, celle-ci sera-t-elle réputée acquise, au regard du *tiers?*

Et alors, de quel jour court la prescription à leur égard ? Il y a trois systèmes sur cette question :

Le premier n'admet pas la prescription; il n'y a pas eu de possession, dans l'espèce, vis-à-vis des tiers; ils n'ont pas, en effet, connu le titre de servitude appartenant à Primus, puisqu'il ne l'a pas transcrit.

Le deuxième admet la prescription acquisitive à leur égard, prescription datant du jour où Primus a commencé à posséder; il peut prescrire, dit-on, *à fortiori*, par rapport à l'usurpateur qui a droit à cette faveur. Enfin, on ne peut pas dire que sa possession a été clandestine; il a exercé publiquement la servitude.

La troisième admet la prescription, mais libératoire, et à partir du jour de la naissance de l'action qu'elle doit éteindre. Or, l'action est née le jour de la vente, par le propriétaire, à Secundus, par exemple, d'un droit incompatible avec celui de Primus. Les tiers commenceront à prescrire contre Primus, s'il n'exerce pas son action contre Secundus, du jour où Secundus aura obtenu le droit incompatible avec le sien (Comp. Mourlon, n°s 105 et suiv.).

En résumé, disons que l'on peut prescrire par trente ans, en vue d'acquérir une servitude non transcrite.

Pourrait-on en dire autant de la prescription de dix et vingt ans ?

En examinant l'article 690, nous avons prouvé que cette prescription n'était pas possible.

Mais supposons qu'elle le soit : le sera-t-elle, même s'il n'y a pas eu transcription ?

Oui, ont dit quelques auteurs, si on réunit toutes les conditions de l'article 2265 ; car la transcription n'a rien à faire avec la validité du titre ; elle constate seulement sa publicité.

Non, répondrons-nous ; l'article 690 est formel, et n'admet que la prescription par trente ans. De plus, l'acheteur devait, à notre avis, savoir qu'il fallait faire la transcription de la servitude, vis-à-vis des tiers. De plus, vis-à-vis des tiers, l'acte qui n'est pas transcrit est nul et inexistant. Ce possesseur est dans une situation semblable à celle d'un individu qui serait mis en possession en vertu d'une donation nulle par vice de forme, et qui ne peut prescrire par dix et vingt ans (art. 2267). Remarquons, enfin, que nous sommes d'accord, en cela, avec l'ancien droit. Ricard dit, en effet, dans son *Traité des donations entre vifs* : « Le manquement de l'insi» nuation ne se couvre que par la prescription de trente » ans. »

POSITIONS

DROIT ROMAIN

I. L'*actus* ne peut aller sans l'*iter*.

II. C'est la réalité de la construction du fonds dominant qui donne à une servitude le caractère de servitude urbaine; peu importe que la construction soit faite à la ville ou à la campagne.

Au contraire, est rurale toute servitude exclusive d'une construction véritable.

III. Les Romains n'ont pas connu la destination du père de famille, telle que la définit l'article 693 du Code civil.

IV. On peut très bien concilier la loi 77, Dig. *de regulis juris* avec la loi 4 au Dig., liv. 8, tit. 1.

V. Il n'est pas besoin de *justa causa* pour constituer une servitude au moyen de la *quasi-possessio longi temporis*, sauf cependant pour les servitudes négatives.

VI. La convention des parties, accompagnée d'une stipulation, suffit pour constituer une servitude prédiale.

VII. Celui qui prétend avoir un droit de servitude sur un fonds, doit prouver l'existence de ce droit, du moment où le détenteur du fonds a établi qu'il en était propriétaire.

VIII. La phrase qui termine le § 2 du liv. 4, tit. 2, aux Institutes, se rapporte vraisemblablement à l'action négatoire.

DROIT FRANÇAIS

I. Le droit de chasse sur le fonds d'autrui ne peut pas constituer une servitude dans le sens des articles 637 et 686; ce n'est qu'une obligation personnelle.

II. Le débiteur d'une servitude ne doit pas, comme le débiteur d'une rente, se conformer aux prescriptions de l'article 2263.

III. Au cas où il existe un titre récognitif en vertu de l'article 695, doit-il être établi conformément aux règles prescrites par l'article 1337? Non.

IV. On ne peut insérer, dans un titre constitutif de servitude, une clause portant que le propriétaire du fonds servant ne jouira pas de la faculté que lui accorde le dernier alinéa de l'article 701.

V. Si l'impossibilité d'exercer une servitude résulte du fait du propriétaire dominant, la servitude sera éteinte en vertu de l'article 703.

VI. La prescription de l'article 2265 n'est pas applicable, quant à l'extinction des servitudes; elle doit toujours être de trente ans, en vertu de l'article 706.

VII. Dans l'action négatoire, c'est au défendeur à faire la preuve de l'existence de la servitude.

VIII. Les servitudes qui ne sont pas à la fois continues et apparentes, et qui s'appuient sur un titre, admettent l'exercice des actions possessoires.

Mais ces actions ne seraient pas admises pour les mêmes servitudes, au cas où il y aurait seulement contradiction des droits du propriétaire dominant par le propriétaire servant, quand même elle aurait été soufferte par le premier.

IX. On doit appliquer la transcription aux servitudes apparentes, aux servitudes acquises par la destination du père de famille; elle n'est pas, au contraire, nécessaire au cas de constitution d'une servitude, soit par testament ou partage, soit par donation entre vifs, soit en vertu de la prescription de trente ans.

DROIT PÉNAL

I. Le délit de diffamation, tel que le prévoit et le définit l'article 13 de la loi du 17 mai 1819, peut résulter, non pas seulement des imputations dirigées contre les vivants, mais aussi de celles dirigées contre la mémoire des morts, lorsque ceux-ci, ayant toujours vécu en simples particuliers, n'appartiennent par aucun côté de leur vie à l'histoire.

II. En cas d'acquittement par suite d'un verdict négatif du jury, l'accusé peut, à bon droit, être renvoyé devant le tribunal correctionnel, à raison du même fait, autrement qualifié.

DROIT DES GENS

I. L'intérieur des villes, même fortifiées, habité par la population civile, ne peut pas être directement bombardé sans une violation manifeste du droit des gens.

II. Le privilège *d'exterritorialité* doit être restreint à l'ambassadeur, à sa famille, à sa suite et à ceux de ses subordonnés qui sont revêtus d'un caractère public et officiel. Par conséquent, l'étranger n'appartenant à aucun titre à l'ambassade de sa nation est soumis à la juridiction française, à raison des crimes commis par lui dans l'hôtel de cette ambassade.

L. BOLLAERT.

Vu :
ce 5 juillet 1879
LE DOYEN,
Président de la thèse,
BLONDEL.

Permis d'imprimer :
ce 5 juillet 1879.
LE RECTEUR,
P. FONCIN.

— Lille. Typ. [illegible] 1879. —

www.ingramcontent.com/pod-product-compliance
Ingram Content Group UK Ltd.
Pitfield, Milton Keynes, MK11 3LW, UK
UKHW020951230726
13923UKWH00007B/261